纺织服装高等教育"十一五"部委 寺院校艺术设计专业系列教材

CIS设计

CORPORATE IDENTITY SYSTEM

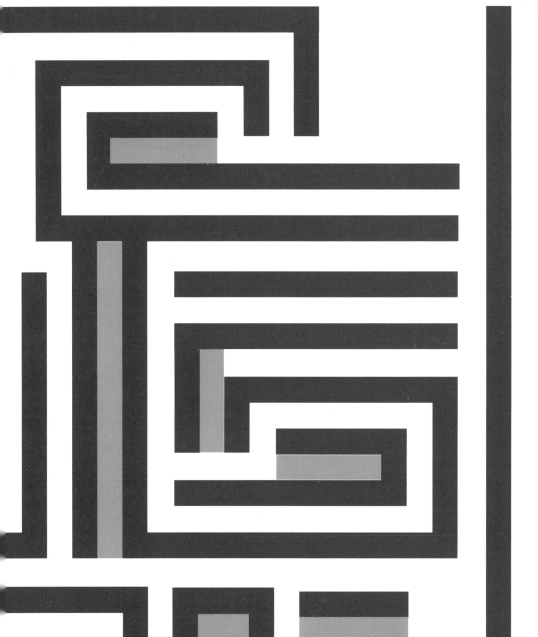

庞 博 编 著

东华大学出版社

图书在版编目（CIP）数据

CIS 设计 / 庞博编著 .– 上海：东华大学出版社，2010.12
ISBN 978-7-81111-823-0
I. ① C···II. ①庞···III. ①企业形象—设计—高等学校—教材 IV . ① F270 ② J 524
中国版本图书馆 CIP 数据核字（2010）第 257063 号

责任编辑 / 查　琳
版式设计 / 薛小博
封面设计 / 张大鲁

CIS 设计
庞博　编著
东华大学出版社出版
上海延安西路 1882 号　　电话 :(021)62193056　　邮政编码 :200051
新华书店上海发行所发行　苏州望电印刷有限公司印刷
开本 :889×1194　1/16
印张 :8　字数 :280 千字
版次 :2011 年 4 月第 1 版
印次 :2011 年 4 月第 1 次印刷
印数 :0 001～5 000
ISBN 978－7－81111－823－0/J·107
定价 :32.80 元

前　言

　　伴随着世纪钟声，人们送走了创造辉煌物质文明的 20 世纪，同时迎来了披着神秘面纱的 21 世纪，她将把人类带入一个前所未闻的非物质社会。究竟什么是"非物质社会"？所谓非物质社会，就是人们常说的数字化社会，信息社会或服务型社会。在这个社会中信息产业比率大大增加。与原始社会和工业社会不同，后者的产品价值包含原材料的价值和体力劳动的价值，而非物质社会的经济价值和社会价值，主要以先进知识在消费产品和新型服务中体现的比例衡量，标志着这个社会已经从一种"硬件形式"转变为一种"软件形式"。诞生于 20 世纪 50 年代的企业形象识别系统战略的理论，正是这一社会变革的真实写照。企业形象战略作为信息革命重要组成和标志，是人类社会和物质文明发展的必然趋势。企业形象战略是通过鲜明、独特、感人的视觉符号，传达企业精神理念，沟通企业与人及社会的联系，从而增强对企业员工的凝聚力，也是不断提高企业员工素质的有效手段，成为在激烈的市场竞争中扩大企业知名度，产生名牌效益的有利武器，使企业从传统的物质产业中脱颖而出，把企业文化形象溶入社会，这样企业必然赢得市场，博取民心。

　　本教程针对高等教育设计专业大纲有的放矢的进行编写。对现代企业家及学生学习 CIS 有很大的帮助。该书概述了 CIS 的理论，简单介绍了 MI、BI、VI 三者的关系，着重阐述了 VI 中的企业标志、企业标准字、企业标准色、企业形象代言物的内容。教程还整理了近一个世纪国内外经典案例并进行分析，图文并茂，帮助同学更好地学习 CIS，并运用到今后的设计实践中，为企业识别系统注入新的活力。

　　《CIS 设计》编写出版，不完善之处望读者不吝赐教，以使其日臻完善。最后，谨向东华大学出版社编辑同志致谢。

庞博

目　录

1

第 1 章 绪论

1.1 CIS 的概述

现代社会，由于科学技术的不断发展和市场竞争的日趋激烈，同类产品间的差异正逐渐缩小，这时企业形象战略的魅力开始不知不觉地影响着消费者的购买行为。建立企业形象个性化的外貌，与维护良好的企业形象，成为企业经营的重要课题。现代企业营销策略有的从产品广告着手；有的从员工教育着手；有的从售后着手……，都希望通过不同渠道，塑造理想的企业形象。其中，尤以 CIS 的开发、导入最为令人重视。它将企业的形象战略由观念理论的抽象理念，落实为具体可见的传达符号，明确地表现企业经营战略取向，其机能有如企业的制服一样，各具特色又易于识别。它与广告策划、公共关系策划相互交融，推动企业在更高层次展开全面的竞争。

1.1.1 CIS 的定义

CIS 是英文"企业识别系统"的缩写。识别系统并不是产生于企业，当人类社会产生了群体、部落和国家之后，识别系统就产生了。

上个世纪六十年代前半期，美国大规模企业的经营战略，开始将企业形象视为崭新而又具体的经营要素，并希望使其成为企业传播的有效手段。对于企业形象如何形成的具体方法，确立了一个崭新的研究领域，即所谓的产业规划（Industrial Design）、企业设计（Corporate Design）、企业外貌（Corporate Look）、特殊规划（Specific Design）、设计政策（Design Policy）等不同的称谓。由于商品经济的发展，企业走向集团化，产品已不是单一品种，而是多品种系列，如果单一宣传商品或品牌，不足以给消费者造成清晰、简单易记的企业整体形象。而经由此研究领域规划出来的识别系统，即称之为企业识别系统（Corporate Identity System），简称为 CIS。

1.1.1.1 CIS 与企业形象

CIS 可谓与企业体本身产生同一性的意义，也成为同业市场营运的竞争动力，CIS 与以往的企业形象战略有很大的差异性。

首先，二者含义不同。企业形象是指社会公众和全体员工心目中对企业的整体印象及评价，是企业理念行为和个性特征在企业员工和公众心目中的客观反映。而 CIS 则是传播和塑造企业形象的工具和手段。我们说，企业导入 CIS 的目的是通过塑造优良的企业形象、品牌形象和产品形象，提升市场竞争力，提高企业内在素质和管理水平，但不代表 CIS 就是企业形象。其次，CIS 与企业形象构成要素迥异。企业形象是由产品形象、市场形象、技术形象、环境形象、服务形象、员工形象、经营者形象、公关形象、社会形象等组成。而企业识别的 CIS 则是由理念识别（MI）、视觉识别（VI）、活动识别（BI）三大体系构成。

CIS 习惯上也称 CIS 战略，即企业识别战略，是在调研和分析的基础上，通过策划和设计 CIS 来体现企业区别于其他企业的特征和标志，塑造企业在社会公众心目中特定的位置和形象战略。同时 CIS 设计也是信息传达设计中全新观念的一种设计。它并不是单纯的系列广告设计，而是企业经营管理和营销竞争战略中的一部分，是企业策划的系列工程之一。

1.1.1.2 CIS 和 CI

在 CI 论著或 CI 交流对话中，常常将 CI 与 CIS 并用。应该说它们在总体上是同一基本概念，只是口语中人们更习惯于用 CI。但严格地说，从 CI 到 CIS 有一个自我演变和阶段发展的过程。20 世纪五六十年代起源的"欧美型 CI"，其初始概念就是企业识别，突出重点就是视觉形象的美感与冲击力，换句话说，比较注重它的外在形象表现。70 年代 CI 传入日本后，经过日本人的改造和发展，注入民族理念和企业精神，对 CI 进行了结构上的改造和完善，由此更加形成了完整的理念（MI）、视觉（VI）、行为（BI）三大识别系统，这就是我们说的 CIS。因此，可以这么说，是日本人实现了由 CI 到 CIS 的升华和革新。但 CI 并非是一个不变的概念，从 CI 发展到 CIS，其内涵也在随着不同历史时期、不同国家和地区的企业现状及其实践发展，而注入新的理念和内涵。需要指出的是，应该以发展的眼光和态度去对待 CI 战略。注重其内涵的蜕变和实践的效果，不必介意 CI 与 CIS 在字面或口头上的区别，总之，它们都是 CIS。

1.1.2 CIS 的特质

（1）从市场行销水准，设计表现水准，提升为经营哲学水准的具体行动，而非架空的经营理论与策略。

（2）其职责划分不单是广告，宣传部门，而是统括整个公司所有的部门，"上下皆兵"。

（3）企业情报传达的对象，不单纯指向消费者，同时对公司内部员工，社会大众，机关团体告知讯息。

（4）企业情报传达的媒体，并非专注在大众传播媒体，而是动员与公司有关的所有媒体。

（5）不是短期的即兴作业，而是长程规划，定期督导管理的组织性，系统化作业。

Corporate Identity 简称 CI，可将之直译为"企业的统一化"或"企业自我同一化"。Identity 的含义有三种：第一，同一性，第二，证明、识别，第三，稳定性、恒持性。

若将 Identity 扩大解释：

第一，就自身而言，是视为一体的证明功能，如身份证，识别证等；

第二，就社会的意义，是归属化，一般化的作用，将隶属的社会、集团的价值观或利害关系当作自己休戚与共的问题；

第三，以心理学的观点来看，是个人同一性的延伸与投射，意指将他人的行为、活动、利害关系视为自己的扩大。

依上述的解释，对照企业经营战略的需求与运作而言，CIS 是指将企业经营行动（Behavior），以及运作此经营行动的企业经营理念（Mind）或经营哲学（Philosophy）等企业文化（Culture），通过传达媒体以增进社会认同的符号系统。

CIS 对于创造更好的经营环境而言是不可或缺的动因，这已是无庸质疑的事实。然而，实施 CIS 必须同时兼顾建立理想的经营理念与塑造良好的企业形象双方面着手进行。

关于 CIS 的含义，国外有人认为："CIS 是将所宣传企业存在的媒体求得视觉传达的统一，并有效地利用注册商标，企业标准字和企业标准色彩等要素，从广告宣传物、产品、包装及产品说明书等，直至企业的建筑物（工厂等）、车辆、信笺抬头和票据等都加以统一设计，由此求得企业具有的统一形象，从而使人们明确意识到某企业的存在性。"同时也有人认为："CIS 是通过视觉传达进行企业的统一化。"这个含义虽简练，但忽略了 CIS 设计的目的性，而只提示了 CIS 的手段。还有人认为："所谓 CIS 是指作为一个企业或集团容易取得统一视觉概念而进行的视觉传达设计的统一性工作。"可对 CIS 作如下的定义："将企业经营理念与精神文化，运用整体传达系统（特别是视觉传达设计），传达给企业周围的关系者或团体（包括企业内部与社会大众），并使其对企业产生一致的认同感与价值观。"也就是结合现代设计观念与企业管理理论的整体运作，以刻画企业的个性，凸显企业的精神，使消费者产生深刻的认同感，而达成促销目的的设计系统。

1.2 CIS 的历史沿革

1.2.1 20 世纪后期的 CIS 发展

20 世纪 60 年代 CIS 主要流行于欧美大陆。美国学者经常称

60 年代为所谓的"形象时代"。这个时期出现了一批所谓的"形象大师",如奥格维等。从大量资料可以看到这一时期美国的企业形象及品牌形象的热潮。但是,值得一提的是,70 年代以后,美国的经济学家就认为已进入了所谓的"广告时代",而"形象时代"仅仅持续了 10 年左右。

20 世纪 70 年代日本开始了 CIS 热。日本对 CIS 最大的贡献可能就是发展和强化了"理念识别"(MI)。

我国港台地区的 CIS 热是 80 年代兴起的。我们现在看到最多的资料是其翻译的日本资料以及他们总结的港台地区资料。

我国大陆的 CIS 热可以说仅仅是 90 年代的事。由于引进与借鉴的时间还比较短,缺乏很好的理论准备和实践经验的总结,在 CIS 的实施中确实出现了不少问题。突出表现在:只重视视觉识别(VI),而忽视所谓的理念识别(MI)和行为识别(BI)的重要性,以及把企业形象问题简单化和表面化,忽视了企业形象问题的更深层次,即企业整体素质问题和管理问题。

由此,我们可以了解到 CIS 在发展过程中所经历的几个主要阶段,及我国的 CIS 开展的水平和现状,对于我们更好的掌握这门学科起到了"纲"的作用。接下来通过 CIS 的一些举足轻重的经典案例,来进一步探询 CIS 的发展史。

1.2.2 CIS 发展历程中的经典案例

1.2.2.1 爱德华·琼斯顿 (EDWARD JOHNSTON) 活字印刷体的创新设计

在第一次世界大战前,德国的"AEG"电器公司,采用设计师彼德·贝汉斯(Peter Berhens)所设计的商标,应用在系列性的电器产品、便条纸以及信封上。1933 年至 1940 年间,英国"工业设计协会"会长弗兰克·毕克(Frank Pick 1878~1941)身兼伦敦交通营业集团副总裁时,负责规划伦敦地下铁的设计任务。当时,聘请爱德华·琼斯顿(Edward Johnston 1872~1944)负责活字印刷体(Typography)的改良设计,以便应用在车票上、站牌、指示路标上。此举激发了英国各界对字体的改良与统一形象的强烈反映,使得全国通用的字体造型达到明识易读的效果(图1-1)。

另外,马克奈·哥法(Macknight Koufer 1882~1942)、贝蒂·史维威克(Petty Swenwiek)、爱德华·包典(Edward Budden)设计了闻名于世的地下铁系列海报,树立伦敦别具一格的景观设计。而创始者华尔特·格罗佩斯(Walter Gropius1883~1969)所领导的包豪斯(Bauhaus)运动开创了非军事领域的统一识别系统设计的先例。伦敦最早的火车站建设就运用了统一识别系统的思想。亨利·摩尔(Henry Moore)参与指导地下铁本部的设计,他与耶普斯·泰恩等前卫艺术家参与纪念碑设计工作,使得此项设计工作更丰富、完整,且具有时代意义。毕克周密的规划与全力的投入,使得伦敦地下铁的规划实例,具备建筑景观与运输机能统一,成为全世界首屈一指实践"设计政策"(Design Policy)的经典之作。虽然这些都还不是现代意义上的 CIS 设计,但可以命名为 CIS 的"雏形"阶段。

另外,二次世界大战之后,国际经济形势复苏,工商企业蓬勃发展,各行各业的营运范围日益扩大,企业经营迈向多元化、国际化。经营者深感原有的企业形象已无法适应突飞猛进的企业实态,必须建立一套具有统一性、

图 1-1 AEG 商标

組織性的识别系统，用以传达正确的企业情报，塑造独特的经营理念。

1.2.2.2 美国 IBM 公司

目前，世界上一致公认的、最早的 CIS 设计是在 1956 年，由美国国际商用计算机公司（IBM）正式实施的。当时 IBM 公司的总裁小托马斯·沃森认为，IBM 公司有必要在世界电子计算机行业中树立起一个崭新的形象，这一形象要涵盖公司的开拓和创新精神，使之有利于开拓市场，跻身世界性大型企业之列。于是求教于工业设计权威艾略特·诺伊斯（E-Noyes）。诺伊斯经过仔细考虑，认为应该有意识地在消费者心目中留下一个具有视觉冲击力的形象标记，这一标记既能体现公司的开拓精神和创造精神，又能反映独特个性的公司文化。他把公司的全称"International Business Machine"浓缩成"IBM"三个字母，创造出沿用至今的著名标志，并选用蓝色为公司的标准色以此象征高科技的精密和实力。IBM 公司通过 CIS 设计塑造公司形象，成为美国公众乃至世界信任的"蓝色巨人"，并在美国计算机行业取得首屈一指的霸主地位。至今，IBM 给人的印象是"组织制度健全，充满自信，永远走在电脑科技尖端的国际公司"。同时也成为 CIS 开发成功最典型的例子（图 1-2-1~1-2-7）。

图 1-2-1 IBM 标志

图 1-2-2 IBM 硬件

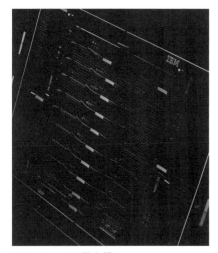
图 1-2-3 IBM 服务器

图 1-2-4 IBM 包装及宣传册的封皮

图 1-2-5 IBM 的包装设计

图 1-2-6 IBM 宣传单的形象

图 1-2-7 IBM 楼体外延形象

1.2.2.3 美国 COCA-COLA 公司

有"美国国民共有的财产"之称的 Coca-Cola（可口可乐公司），在 1970 年以全新的企业标志为核心，展开 CIS 的全面性行动，带来视觉形象强烈的冲击，令人耳目一新。在第二次世界大战期间，美国士兵征战到哪里，可口可乐就跟随到哪里。战后这些士兵及其后代，自然成为可口可乐的忠实顾客。每当他们饮用可口可乐时，不仅感受到清凉，似乎还把美国精神灌进了体内。就像美国著名编辑威廉·怀特所说的那样："可口可乐代表着美国所有精华……。可乐瓶中装的是美国人的梦。"可见，当一个品牌成为某种文化的象征时，它的传播力、影响力和销售量是难以估量的。而且当一个品牌与某种文化相互依存时，这个品牌就将与它所象征的文化共沉浮。尽管可口可乐早已遍布全球，但真正全方位打入国际市场，其花费在新 CIS 市场调查，检讨研究、导入开发、宣传教育、组织管理等过程上的财力、人力、物力也是难以记数的，反观可口可乐在世界饮料市场上的占有率及良好的形象，其 CIS 所起到的作用，也是有目共睹的（图 1-3-1~1-3-4）。

1.2.2.4 日本 PAOS 公司对企业识别的推动

自 20 世纪 60 年代开始至今，可以说是欧美 CIS 的全盛时期，期间产生诸多杰出的案例闻名于世。比较起来，日本在 CIS 观念的引进与企业经营者接受的

图 1-3-1 COCA-COLA 瓶形

图 1-3-2 COCA-COLA 展厅

图 1-3-3 COCA-COLA 外延

图 1-3-4 COCA-COLA 大厦

情况，因为受到二次大战后战败重建工作的影响，较之欧美国家晚了一二十年。

日本在 70 年代紧随美国潮流之后，创造出有自己特色的 CIS 理论。在日本自古以来就有使用称为"家"的符号标记作为民族或家庭象征的传统，这一传统被企业的原形——会社所延续。今天，这类符号标记发展成为企业的"标志"——它不仅被看作是企业的颜面，也被视为激发企业员工归属意识的精神象征。日本人胸前佩带的公司徽章，即使工作结束也不取下，表现出强烈的"以企业为家"理念。日本将美国创造的 CIS 与富有日本特色的"以企业为家"的文化理念相结合，从而创造出富有日本民族性的 CIS，并促进了理念识别的发展。

港台地区及中国大陆所沿用的 CIS 体系大多来自日本 PAOS 公司所制定的理论。PAOS 公司是日本第一家 CIS 策划公司，它在吸取美国企业和欧洲企业经验的基础上，开发出"设计综合经营战略"，简称 DCMS（Design Coordination as A Management Strategy）。

PAOS 的公司名称取自英文 Progress Artists Open System 的首字缩写。Open System 则是其所追求的主题，PAOS 一贯指向"知性服务业"来从事工作，目标是为企业创造出更高的无形资产和更好的经营环境，所以 PAOS 公司对印刷物的设计制作及媒体、中介等工作都不予受理。PAOS 的口号是"创造思考"（Think Creative）。PAOS 提出

形态的系统设计，即企业不仅是物品，或者服务机关或者仅为生产机关，而同时是资讯机关及形象生产机关。指导大众必须有这样的认识，以企业情报价值体系为基础，宣传及行动为方法，作为经营企业的战略。在企业资讯传达竞争性强的社会中，以品质佳，有效率地选择传达资讯方法。是打造良好企业形象，促进各种资讯流通的秘诀。在此种概念下产生的实物，由名片至大楼，作为资讯传达的途径，有效加以灵活的运用，这便是成功的经营手法，也是营销成功的秘诀。

由此可知 CIS 的作用是在对此企业及相关集团，通过引进全新的形象战略，来满足该企业美的诉求，并导入信息化时代的经营战略。

PAOS 以长久来攫取"Think creative"口号作为思考与行动的来源。PAOS 认为经由精细，具有高度美

感的设计，才能在纷繁复杂、瞬息万变的社会中占有一席之地。

1975 年东洋工业马自达（MAZDA）汽车，PAOS 为其开发了 CIS，树立了日本第一个开发企业识别系统的典范（图 1-4-1~1-4-3）。

其后 PAOS 为松屋百货（MATSUYA）开发使其起死回生的更新计划，在导入 CIS 计划两年之后，松屋的营业额呈现出增长 118% 的惊人成效（图 1-5-1~1-5-5）

图 1-4-1 东洋马自达标志方案

图 1-4-2 马自达专卖店的外延形象

图 1-4-3 马自达标志在汽车各部分的应用

MATSUYA GINZA

MATSUYA GINZA

松屋銀座

株式会社松屋
MATSUYA CO LTD

图 1-6-1 小岩井乳制品外包装

图 1-5-1 松屋百货标志组合

图 1-5-2 松屋百货楼体外延仰视照片

图 1-5-3 松屋百货楼体外延广告

1-5-4 松屋百货户外宣传广告

图 1-5-5 松屋百货专营店在闹市照片

GENUINE DAIRY PRODUCTS
KOIWAI FARM

KOIWAI

小岩井クリーミーチーズ6P
小岩井チェダーチーズ
小岩井レーズンアンドバター
小岩井スモークチーズ
小岩井スプレッドチーズ
小岩井純良バター

小岩井乳業株式会社
KOIWAI DAIRY PRODUCTS CO.,LTD.

图 1-6-2 小岩井标志及公司全称

图 1-6-3 小岩井熟肉品的外包装

同样在小岩井乳业的设计方案上，PAOS 充分表现了 CIS 的魅力，使小岩井乳业的营业额提高了 270%。因此，该企业老板为了感激，拨出每年营业额收入的固定百分比给 PAOS，同样的案例还有大荣百货，伊势丹百货等 (图 1-6-1~1-6-5)。

图 1-6-4 小岩井提袋及外包装设计

图 1-6-5 小岩井企业环境设计及包装形象

1.3 CIS 的构成要素

CIS 是由里及表来塑造企业差别化形象的艺术。包含理念识别 MI（Mind Identity）、行为识别 BI（Behaviour Identity）、视觉识别 VI（Visual Identity）。一个规范的科学的 CIS 导入程序，应是 MI、BI、VI 三部分系统地、三位一体地提升运作过程。三者相互推进，带动企业经营的脚步，塑造企业独特的形象。

1.3.1 企业理念识别（Mind Identity）

理念识别 MI 是 CIS 战略的基础核心，所谓理念识别就是指一个企业基本价值取向，它反映了企业对自身生存与发展中的一些基本问题的回答与看法。理念

一词，在英语中有精神、见解的意思，我国是随着 CIS 引进后，这个词才逐步被普遍使用的。在企业中，与理念一词意思相近的词，至少有以下一些：企业精神、经营思想、经营哲学、价值观、经营宗旨等。

而所谓识别包含了两层意思：一是主体性，即企业上下理念必须一致，只有一致才可能被认识。二是独立性，即必须与其他企业相区别，有区别才可能被识别。

理念识别的最终实现，包括两大部分的活动：

（1）对理念进行概括、总结和浓缩，用简洁的、明确的语言表现出来，以在短期获得识别和认同为目的。这一般是在导入

CIS 的时候首先进行的工作。它更多地表现了企业的理想形象。

（2）通过一定时期的努力，使内容复杂的企业理念真正成为全体职工的世界观，通过主体性的传达，实现理念识别的目的。这才是真正完成了理念的识别。

1.3.1.1 用简洁的、明确的语言表现企业理念

CIS 操作中，要求理念识别在表现形式上用最简洁的语言表述最主要的部分。这种表现方式必须符合以下要求：

（1）能反映企业理念的最主要部分。

（2）有明确的指向性。

（3）能获得企业绝大多数职工的认同和支持。

（4）简明易懂，不会产生疑义。

（5）易于记忆和传播（一般都成为企业对外广告的主题和广告语）。

（6）便于用其制定行为规范、并供视觉识别（VI）设计参考。

其实国外著名企业大都有自己独到的经营理念，根据企业生产经营特点和社会需求，设计出独特、简单、幽默、易记且概括性很强的理念识别。如飞利浦"让我们做得更好"，诺基亚"科技以人为本"，美国杜邦公司"为了更好的生活，创造更好的产品"等等。

而目前国内企业大多特色不突出、不鲜明，提出的口号式的经营理念和企业精神常常雷同。如当年席卷中国的ＶＣＤ广告大战，两个生产厂家的广告，皆邀请了国际著名的武打巨星，企业口号一个为"真功夫"，一个是

"好功夫"，让收看广告的消费者一头雾水，不知究竟它们各自的特点何在，倡导的企业理念何在，无从选择的消费大众只好选择国外的知名品牌，来得踏实可靠。结果是明星鼓了荷包，增加了曝光率，而上述两家企业的老板，颇有一种"赔本赚吆喝"的感觉。

1.3.1.2 全面实现理念识别

真正理念主体性、统一性的实现，是需要付出艰苦努力的。只有当全体职工形成与企业一致的看法，能做出同样的反应和产生同样的行为，企业才真正成为一个有机的整体。才真正实现了所谓的主体性，有机体对外部的反应能力是无机体所不能比拟的。它意味着企业整体素质的提高。

理念统一性的实现非常类似宗教的形成。它不仅要靠不断的灌输、教育，更重要的是靠具体的事实对抽象理念的理解，靠故事、靠人，尤其是企业管理者的身体力行而逐步形成的。从国内外经验看，有效的形式还有以下内容：

（1）对职工的培训、教育；

（2）各种企业仪式，如：迎新、欢庆、升旗仪式等；

（3）各种行为强化形式，如：表扬、批评、树标兵等；

（4）各种类型的文艺、体育活动；

企业理念识别在推行和实施过程中必须把握好以下的问题：必须把企业利益与职工利益真正结合起来，要使全体职工理解"我们为什么存在、我们怎样生存和发展"。这关系到职工的切身利益，也正是有这样的利益结合点，理念才能被全体员工认同，才可能形成识别；才不会使企业理念成为一个单纯的口号；才能对企业整体素质的提高真正起到作用。

企业形象的竞争，实质上就是差别化战略的竞争。具有个性的企业经营理念，才能形成步调一致的企业行为活动和容易识别的视觉形象。并且企业理念是全体员工具备认同感的基础，在正确的企业理念指导下，企业才能有奋斗的目标与方向，并达到顺利实现企业整体目标的目的。现今去面对日新月异的市场，就好像逆水行舟，如果没有鲜明的企业经营理念，或理念模糊，除了消费大众（诉求对象）会产生疑惑，企业员工及执行者都会产生盲从的感觉。另外，差别化表现在经营宗旨上、经营特色上、企业精神上与众不同，富有本身的独特性。

案例一：世界最成功的快餐连锁店麦当劳

麦当劳作为一个经营极为成功的快餐王国。多年来，一直名列全球最著名的十大品牌之一。2011年8月，美国的《商业周刊》评出全球十大名牌，麦当劳名列第9位，品牌价值为253亿美元。在人类居住的地球上，每隔15个小时，就有一家麦当劳连锁店在世界的某个角落开业。自1970年至1980年，蒸蒸日上的麦当劳共卖出300亿个汉堡包给美国国民，即在这十年中，每天售出820万份汉堡包，如果把这段时间内它生产的汉堡包摞起来，那么会超越大气层，其高度为从地球到月球的一半。为了满足麦当劳消费者的口福，70年代共有500万头牛丧生，为了让前往"金色拱门"进餐的人有纸巾和纸盘可用，每年使300英里的森林消失。麦当劳最早不过是美国加州一个小镇上的免下车餐馆而已，它靠出售15美分的面包和10美分的炸薯条而维持生计。是麦当劳的创始人，推销员出身的雷蒙德·阿·克洛克独具慧眼发现了它的潜力，从而引发一场美国饮食革命，谱写了一个快餐文化动人的经典故事。（图1-7-1~1-7-9）

"Q、S、C、V战略"是麦当劳取得成功的基本支撑点，即质量超群，服务优良、卫生清洁、货真价实。几十年来，他们自始至终恪守着这四个信条，并把这种经营理念贯穿在CIS战略所有活动识别和视觉识别之中，这是麦当劳能够成功的主要原因。

(1) 品质。麦当劳对品质管理非常严格，面包不圆和切口不平都不选用；奶浆接货温度要在4度以下，高1度就退货；一片小小的牛肉饼要经过40多项质量控制检查；生菜从冷藏库拿到配料台上只有2个小时的保鲜期，过时就扔；汉堡包出炉超过10分钟、炸薯条超过7分钟即舍弃不卖。

（2）服务。包括店铺建筑的舒适感，营业时间的设定和服务态度等。全体员工实行快捷准确而友善的服务，要使顾客百分之百满意。顾客排队不超过2分钟，从选定所要食物至拿到手中一般不能超过1分钟。餐厅还提供多种服务，如为小朋友提供高脚椅并赠送小礼物，为小朋友过欢乐生日会，免费店内参观，为团体提供订餐和免费送餐服务等。

（3）清洁。麦当劳要求员工"与其背靠墙休息，不如起身打扫"。各个岗位的员工都要不停地做清洁工作。所有的餐盘、机器在打烊后要彻底清洗消毒，地板要刷洗干净，餐厅门前要保持清洁。

（4）价值。麦当劳的价值即"物有所值"，体现了"提供更有价值的高品质产品给顾客"观念。其食品营养经过科学配比，营养丰富，价格合理，让顾客在清洁的环境中享受快捷的营养美食。

麦当劳成功的发展战略，动人心魄的广告策略，严格的管理手段以及独特而大胆的经营方式，无疑有着强烈的启示性，"麦当劳"的启示，让人们看到塑造公司整体形象及企业理念贯彻的科学性，重要性，以及它所为企业带来导向，凝聚和激励的作用。

案例二：渤海证券有限责任公司的理念识别

渤海证券从筹备的第一天起，就在构思未来的形象，同时也企望在缤纷的市场画卷中增添一笔亮色。由于渤海证券诞生于中国证券业从初创走向成熟，竞争日益激烈的时期，从呱呱坠地那天起，它就面临着生存问题。它一肩担着众多股东的期望，一肩担着地方政府的重托，踏上了市场竞争这场没有终点的赛程。望着同业疾步前行的背影，除了拼搏奋斗，它没有任何选择，"鲲鹏展翅九万里"，渤海证券要做大做强，后发先至，必须具有为全国客户服务的宽广胸怀，确立"诚信、和谐、高效、共赢"的经营

图 1-7-1 麦当劳 外延

图 1-7-3 麦当劳 POP

图 1-7-5 麦当劳餐台

图 1-7-7 麦当劳 POP

图 1-7-8 麦当劳户外餐厅

图 1-7-2 麦当劳店内橱窗

图 1-7-4 麦当劳引导牌

图 1-7-6 麦当劳户外餐厅

图 1-7-9 麦当劳 POP

理念,弘扬"团队拼搏、创新图强"的企业精神,争揽业冠全国的优秀人才,最终实现创建全国一流券商的目标。这是规范公司形象的标尺,对内对外都有严格而统一的理念,也是打造成功品牌的必要条件。(图1-8-1~1-8-3)

确定企业理念识别(MI)的一个重要的目的是保持经营管理的一贯性。任何政策的改变,均容易形成不信任和无所适从。企业理念决定了企业在经营管理中,应该鼓励什么,惩罚什么;应该宣传什么,不宣传什么。这样才可能使行为识别(BI)得以实现。理念推广必须通过多种形式,而不是简单的教条式的说教形式。企业经营理念的完善与坚定,是企业的识别系统,即CIS的基础和动力。它影响企业内部的各项活动和制度,影响组织管理与教育、影响企业对社会公益活动和消费者的行为规划。

1.3.2 企业行为识别 (Behaviour Identity)

行为识别(BI)有两层含义:一是指行为识别是在企业理念的指导下,所形成的一系列行为规范。它既是理念的反映,又是强化企业理念识别(MI)的手段。二是指它的识别过程是动态的。这区别于视觉识别(VI),视觉识别是静态的。

1.3.2.1 行为识别的性质

行为识别是外界认识企业的一个重要方面,是形成企业形象的关键问题之一。同类企业之间的行为既有共性,也有特殊性。企业行为识别的共性和个性的原理和理念是相同的。也即在同类

企业之间,既有相同点,也具有各自的特点。也正是具有特点和差异,相互识别才成为可能。

企业行为识别涉及的实质性的问题是企业的管理水平。在实际的操作中,行为差异首先反映的是管理的差异,是管理水平的差异,而不是文字表述上的差异。这是因为,对于同一类型的企业,如连锁经营企业,由于经营活动的相同性(购、存、销),也决定了行为的相同性,因此也决定了对行为管理内容的相同性。而在识别方面,能区别这种相同性的关键是企业的内功的道理也在于此。

行为最终被识别,这个过程是动态的。也即它是通过企业内外部与企业有关的人,通过企业的行为表现,逐步认识和最终形成的对企业的印象和评价。

1.3.2.2 行为识别的主要内容

企业行为识别的具体内容包

图1-8-1 渤海证券宣传册

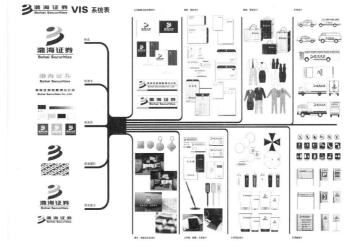

图1-8-2 渤海证券 VI 树图片

括两大部分:日常活动的行为识别和特殊活动的行为识别。

(1)日常活动的行为识别因素

指对企业长期的、随时可见的活动所表现出的行为识别构成影响的要素。它主要包括对企业内部的和对企业外部的两大类。

对企业内部的行为识别因素包括:

①企业的规章制度;

②在处理企业内部事务中,

标准色辅助色

M100 Y100   C100   C100 M100

白色   银色   黑色   白色

标志标准字组合

图1-8-3 渤海证券标志基本色及基本组合

领导与职工的行为表现；

③干部和职工教育的形式和内容；

④内部工作环境的要求和规范；

⑤职工的提升和奖励；

⑥生活福利的分配和分配形式；

⑦开拓与发展的态度等。

这其中比较成功的案例如："金利来"公司的行为规范是"爱国家、爱公司、爱家庭、爱自己"。爱国家：关心国家大事与民族兴衰，明确肩上的责任；爱公司：忠诚服务于金利来，做一名优秀的员工；爱家庭：不给社会添麻烦，创建文明的家庭；爱自己：珍惜人生，做一个力求上进、事业有成的人。

对企业外部的行为识别（BI）因素包括：

①企业的经营战略、经营方针和政策；

②日常经营管理活动的行为表现；

③干部和职工的素质表现；

④对消费者的行为表现；

⑤对所在社区的贡献；

⑥对与企业有关的各类企业、机构与人员的态度和行为；

⑦服务环境和购物环境的要求和规范；

⑧日常的对外公共关系活动和广告活动；

⑨对社会公益事业的行为和态度等。

（2）特殊活动的行为识别因素

指企业为特殊目的举办的，预期在短时间内获得效果的活动所表现出的行为识别要素。特殊活动所表现出的行为特点对企业行为识别（BI）会起到强化和迅速见效的作用。它主要包括：

①企业重大的社会公益活动，如：对灾区、希望工程捐款；

②重大公共关系活动；

③各种促销活动；

④参与和举办各种文体活动；

⑤广告活动等。

在这里列举一些相关比较成功的案例以供参考。

例如，海尔"真诚到永远"这句广告词是海尔经营理念的传达，在行动上推行"国际星级服务"，提出"用户永远是对的"的服务理念和"三零"服务目标，"产品零缺陷，使用零抱怨，服务零烦恼"。

再有如当年健力宝"东方神水"的产品形象和"饮料王国"的品牌形象，正是靠大手笔赞助全运会、亚运会、奥运会等全民关注的体育运动树立起来的。并且近几年越来越多的著名企业都在精心设计企业在社会的公众形象，包括赞助灾区，资助教育、社会福利、文化活动等各种活动，像康佳捐资在延安兴办"康佳希望小学"就是很鲜活的例子。

由于企业间的差异，在活动内容上会有不同，在导入 CIS 时应认真审视。

企业最终的行为识别（BI）的形成，是由日常活动的行为识别因素决定的。企业重大活动表现出的行为特点可以取得明显的哗众取宠的效果，但是，只有长期行为的一致性才是最重要的。

1.3.2.3 CIS 导入中行为识别的表现形式

行为识别（BI）不仅需要通过动态的、长期的努力才能真正实现，而且，它最终实现的关键要靠企业的管理。我们认为，在实际操作中，必须把 CIS 的导入和实施与企业的形象管理有所区别。尤其是必须区分 CIS 导入时的表现形式与导入以后的形象管理。

CIS 导入中行为识别最主要、最直接的表现形式是制定行为规范原则和对部分重要的影响要素进行确定和实施。

（1）行为原则

指企业各项活动必须严格遵守的准则。在 CIS 手册中，行为原则必须用简练、明确的语言进行表述。它的另一种形式是以"企业基本法"的形式出现。行为原则是企业制定、策划、实施有关形象活动的依据。这也是行为识别表现形式的最重要部分。

（2）对部分重要的行为识别影响要素进行确定和实施

在 CIS 导入中应根据企业的需要，有选择的对部分重要的行为识别影响要素进行确定和实施。

行为识别是将企业个性和特色广泛传播给外界，只有形成与众不同的行为规范，才能在公众中树立起独一无二的与其他企业相区别的形象。另外，行为识别是行为活动的动态形式，偏重其中的过程，而鲜有视觉形象化的具体结果。

仔细分析国外众多成功企业的市场行为，都可以看出来自经营理念指导下的企业行为的特点。

索尼在创业之初就把美国市场列为重要的目标市场，并考虑到美国消费者的文化背景，起了个英文色彩颇浓的企业名称，在电子音响领域致力于高品位。

当电脑业在日本兴起，大多数企业奋起竞争之时，松下却决定停止电脑项目的开发，专心家电业务，而这一决定与其"积极改善国民生活"的经营理念更加贴近。美国旅馆业巨头"假日旅馆"，据其实力，完全有能力建造摩天大楼式的宾馆。然而该企业在世界各地的旅馆都是居家田园风格的小楼，这也是其战略方针所决定的。

再有享誉全球的麦当劳有一套准则来保证员工行为规范，在企业内部建立起一套"小到洗手有程序，大到管理有手册"的工作标准，使它成为麦当劳工作系统运转的"圣经"。正是他们制定的营运训练手册，保证了世界各地麦当劳快餐连锁店的标准与形象的统一；岗位工作检查表把麦当劳餐厅服务分成 20 多个工作段，要求所有员工必须高标准地掌握岗位操作要领；麦当劳还专门为餐厅经理设计了一套管理发展手册，对有发展前景的干部进行高一级的培训。在内部建立起大家庭式的工作环境。如注重沟通和团队合作，从经理到员工都直呼其名；每月召开员工座谈会，充分听取员工意见；每月评选最佳职工，邀请其家属参加；以一定形式祝贺员工生日等。

应注意将 CIS 系统中的 BI（Behaviour Identity 行为识别）与广告创意策略理论中的 BI（Brand Image 品牌形象）相区别。前者是强调企业对内管理、对外促销的各种经营行为规范化策划，如对内的各项管理方式，组织机构、员工教育、生产计划、福利制度、开发研究等；对外的销售、市场调查、公共活动、公益事业、宣传推广等。而后者是 20 世纪 60 年代由 D·奥格威提出的，它所强调的基本要点"为塑造品牌服务"是广告最主要的目标，广告就是要力图使品牌具有并且维持一个高知名度的品牌形象。任何一个广告都是对品牌的长程投资。从长远观点看，广告必须尽力去维护一个好的品牌形象，而不惜牺牲追求短期效益的诉求重点。描绘品牌的形象要比强调产品的具体功能特征重要的多。虽然二者有些观点上有互补性，但考虑到 CIS 是一项浩繁并且严谨的工作，所以在这里作出以上说明。

同时，也应该认识到，CIS 系统的策划并不是经营者和设计者的主观杜撰，而是建立在广泛吸纳群众意见的基础上，并且要取得他们的认同。企业形象的塑造归根到底是要靠全体员工在履行各自职能的基础上共同努力来实现的，离开了群众的认同和执行，CIS 的导入无疑便成为纸上谈兵了。

1.3.3 企业视觉识别（Visual Identity）

视觉识别（VI）是在企业经营理念确立的基础上，运用视觉传达设计的方法向社会传递信息的活动。在 CIS 的三个构成部分中，视觉识别是最直观的一个部分，是 CIS 的静态识别。其效果最直接、在短期内表现出的作用最明显。根据心理学的理论，人类日常接受外界刺激所获得的信息，由视觉器官所获得的约占所有知觉器官（听觉、味觉、嗅觉、触觉及视觉器官）的 70% 以上。从另一个侧面说明，视觉传达的范围是十分广泛的，视觉识别设计在现代信息时代，使信息传递明确而迅速。识别图形符号作为国际通用语言，有着任何文字语言无可替代的作用。

从结绳记事到部落图腾，图形符号伴随着古老文明一直走到今天，对社会进步起到了重要的推进作用，同时，采用简明的识别符号来迅速传达信息，是社会快节奏生活的需要。

我国较成功的企业标志，如"太阳神"就是具体传达企业理念的范例之一。"太阳神"的标志：以圆形、三角形的几何图形为设计的基本要素，圆形是太阳的象征，代表抛洒光明、温暖和希望，并代表健康、向上的商品功能。三角形呈向上的趋势，即是 Apollo 的第一个字母，Apollo 在古希腊神话中是赋予万物生机，主宰光明的保护神。其象征"人"字的造型，显现出企业向上升腾的意志和"人"为中心的服务和经营理念。以红、黑、白三种代表永恒的色彩，组成强烈的色彩反差，体现了企业奋力创新的精神。"太阳神"字体造型是根据中国象形文字的意念，结合英文 Apollo 的字体形成独具特色的"合成文字"，把这种特定的艺术形象印在包装箱、招贴画、办公桌和户外广告上，可以简洁、单纯、明确地表现出企业精神，经营意识和产品属性。因此，"太阳神"的标志较容易记忆，并给人留下较深刻的印象。

麦当劳在视觉识别方面，设

计了具有明显识别功能的金黄色双拱门——M 作为其标志，在开车时远远地望去，马上就联想到那麦当劳的招牌，它像两扇打开的欢乐黄金之门，对消费者具有巨大的吸引力。麦当劳又塑造了麦当劳叔叔的形象，他是友谊、风趣、祥和的象征。麦当劳叔叔总是传统马戏班小丑打扮，穿黄色连衫裤，红白相间条纹衬衣和短裤，蹬一双大红鞋，黄手套，红头发。在美国 4 至 9 岁的儿童心目中，他是仅次于圣诞老人的最熟识的人物。它象征着麦当劳永远是大家的朋友，时刻准备为儿童和社区发展贡献力量。消费大众正是通过麦当劳一系列的活动识别和视觉识别从中领悟到麦当劳的理念。

同样 CIS 中的视觉识别设计是将企业精神理念和差异性充分表现出来的最有效的表现方法，也是塑造清晰的企业形象的最快捷的传达方法。作为一个企业完整的视觉识别系统，通常是采用 VIS 全景式的图表形式来表示的。从中可以看出，视觉识别系统又分为基本要素和应用要素两大系统。

视觉识别的基本要素系统包括：企业名称；企业的商标、品牌标志；企业标准字体；企业专用印刷字体；企业标准色；企业造型象征图案；企业标语、口号等。

应用要素系统包括：办公用品系列；广告媒介系列；交通工具系列；服饰系列；办公室内设计；建筑物外观、环境设计；包装系列；CIS 手册等。

一切应用要素的设计都是围绕基本要素而进行的。一个好的

企业标志应该把企业的经营理念，管理素质和文化个性，通过视觉化的传达形式明晰地表现出来，这就不能不考虑整个企业视觉环境的识别要求。

打造品牌要做的事情很多，而最基础的就是建立统一而鲜明的视觉识别系统。

首先展开基本要素的设计，然后在基本要素的基础上展开应用要素的设计。无论怎样的表现形式，标志都要符合企业的经营理念和形象风格定位，才能真正传达出企业本质，起到识别的作用。同时基本要素的识别效果还取决于其展开应用的适用性。

企业形象通过不同媒体和长期持续的表现，反复地与消费者沟通，在认知过程中增强亲切感，提高企业的知名度，缩短企业与市场、与社会、与消费者之间的距离，从而创造出企业未来的美好蓝图。

1.3.4 MI、BI、VI 之间的关系

在以上的论述中，从整体的角度可以作这样的比喻：如果将企业比作一个人，那么 MI 就是一个人的思想品行或称世界观，BI 则是一个人的行为举止，而 VI 便是一个人的外观服饰。一个人的思想品行决定和支配一个人的行为和穿着打扮。由此可见，三者的基本关系如下：

（1）理念识别（MI）是 CIS 的灵魂，是 CIS 的核心和原动力。没有理念识别即是没有方向的行为，会使企业的成功带有偶然性。

（2）行为（活动）识别（BI）是基础，行为是最终全面体现企业理念的要素。企业行为是否能

完整表现企业理念的关键在于管理。

（3）视觉识别（VI）设计是关键。

首先，理念本身很难直接地、速度较快地、具体地显现它的内容。而行为识别（BI）偏重行为活动的过程，消费者对它的认识也需要一定的时间。所以，企业识别系统中以视觉识别（VI）的力量和感染力最为具体和直接。它能使人第一眼看见就感受到企业的基本精神和差异性，可较轻易地达成识别、认知的目的，就如同服装对于认识一个人的作用。

再者，良好的开端是成功的一半，精心设计的视觉识别 (VI) 正是起着这样的作用，视觉识别 (VI) 本身所含有意义不需经过解释，即可直接进入个人的感觉。更重要的是，经由视觉器官所收集的信息，不仅信息量大，而且在人类记忆库中具有较高的回忆值和识别率。

MI 贵在"个性"，BI 贵在"统一"，VI 贵在"识别"。具有个性的企业经营理念才能有步调一致的企业行为活动和容易识别的视觉形象。一旦企业形成稳定的精神文化模式，不论任何人进入这种模式就会被同化。环境最能改造人，而良好的环境是靠人创造的。

2 第2章 CIS设计的导入

2.1 导入CIS的动机和目的

2.1.1 动机的确认

由于工业社会向信息社会的迅速转化，此时商品越来越丰富，生产工艺与质量得到了不断地提升，特别是计算机的普遍推广运用，使各种产品的成本和价格日趋一致，想要在品种繁多、性能接近的商品世界里称霸一方，就必须使自己的产品与企业形象具有鲜明独特的个性，给消费者依赖感和满足感。而这种综合良好形象的形成，是企业日积月累、苦心经营的结果，也是自觉或不自觉的事实，是CIS战略所带来的效应。随着欧、美经济强国的大型企业充分运用，已日益显示出CIS战略在商战中的强大生命力。如著名的"可口可乐"尽管早已遍布全球，但真正全方位打入国际市场，最终是CIS起到了重要的作用。世界范围内的CIS理论及成功范例在20世纪80年代中期传到了中国，给正处于经济腾飞时期的中国企业界、文化界、设计界带来了新鲜与活力。

人们开始认识到CIS战略的商业价值和文化价值，认定导入CIS塑造企业新形象是现代企业经营的发展方向。

现在有的企业和设计人员往往把CIS片面地理解为VI，从而只重视视觉形象的设计，而忽视MI和BI的建设，使企业的CIS战略成为一种形式，而不能充分发挥它的作用。其实，CIS本身是一个科学的系统工程，它是企业经营管理中的一种创新活动，是培养企业精神的长期过程。任何一种忽略企业内部的经营与管理、忽略对产品质量严格要求的做法，都只能是短期行为。我们导入CIS的最终目的是创造能够与时俱进的企业形象，并使之产生长期效应。

当今社会，日新月异，市场经济取代计划经济已经成为不争的事实。生产技术不断地革新，市场竞争也日趋白热化，社会大众的消费形态也随着物质文明的发展而不停地更替，直接、间接地导致商品或服务需求由过去单一的选择，转变为多样的选择。

因此，企业为适应当今时代消费形态的需求，做出相对应的措施，去适应这个竞争日趋激烈的市场，合并、改组，扩充的经营策略也孕育而生。另外，企业的经营策略在改变过程中，容易造成消费者的迷惑，甚至企业内部员工的不解，适当的时机导入CIS塑造企业新形象，也是改变企业经营模式的最佳方式。

2.1.1.1 来自企业内部自觉的需求

在现代社会中，市场变幻莫测，企业想吸引消费者的目光并非易事，但这又是每个企业想要达到的终极目标。首先是企业形象的独树一帜，能在消费者心中建立一个位置，而这个位置的建立，恰恰要先在企业内部确立与完善，就像一部好的剧本，连导演和演员都没有感动，又如何能打动观众呢？企业形象也是如此，那么在CIS导入的过程中，能对企业产生以下影响：

（1）激励员工士气，改变企业气氛。CIS战略中的视觉识别系统，具备包装的功能，能创造出令人耳目一新、朝气蓬勃的企业，这样能大大激励员工的企业自豪感，加强员工对公司 CIS 战略主旨的认识，增加全体员工参与的自觉性与决心，从而使企业员工树立对企业的自信心，加强内部的凝聚力，为企业带来良好的经济效益和社会效益。

（2）人才的吸纳。企业人才的储备是为使公司保持生产力水平的不断提高，应对变化的市场和挑剔的消费者。人才的更替、流动频繁是大忌。所以导入 CIS 战略能使企业受到社会的认同和信赖，同时增强企业的吸引力。

（3）增强金融机构、股东的好感与信心。企业导入 CIS，是组织完善，制度健全的象征，良好的企业形象能对企业的经营活动起到重大的推动作用，它可以为企业吸收大量的资金，同时使金融机构乐于为企业提供贷款方面的优惠，政府也乐于为企业提供优良的经营条件，从而有利于增强股东的凝聚力，全面提高他们对企业的信心。

（4）提升企业形象与知名度。消费大众对于有计划导入 CIS 战略的企业容易产生组织健全、制度完善的印象，同时增强他们的信赖和认同感。对企业形象的提高大有裨益，相伴随的知名度也随之提升。识别系统的同一性、识别性和稳定性的特质也显示出来。

（5）提高广告效果。当今消费者购买产品所追求的是"实质利益＋心理利益"，而在实际操作中，心理利益的地位在不知不觉中稳步提升，所以广告效果产生了巨大的推动作用，它可以激活市场去引导消费者消费。除了提高广告播出频率之外，提升广告的质量也是重中之重。CIS 战略的导入使受众在消费的过程中，对企业的信心也随之增强。

（6）提升公司的营业额。系统、完善、全面地获得市场信息，提高广告效果后，消费者会增加对公司的信赖度，在消费者心理占据了重要位置，使企业形象深入人心，达到"先入为主"的效果。企业的营业额会自然得到提升，提高市场占有率。这同时也是导入 CIS 的主题之一。

（7）统一设计形式，节省制作成本。在建立 CIS 战略的同时，各下属公司及关系企业可遵循统一的设计形式，应用在所需要的设计项目上，其优势在于可以达到统一的视觉识别的效果，另外可以节省制作的成本，减少设计时间的无谓浪费。在设计理念达到统一之后，对外会给人有整齐划一的感觉，形成良好的印象和口碑，并且可以维持一定的设计水平。

CIS 战略逐步形成了日趋完善的一体化作业流程，在国际市场竞争中显示出强劲的竞争实力。随着中国加入 WTO 后，企业产品市场发生了重大变化和动荡，一方面，所有企业面临国外产品的冲击和挑战，同时在另一方面也为中国企业发展提供难得的机遇和舞台。通过 CIS 的实施可得到相称的收益，另外对于企业内部的员工培训、管理、人事调整均形成合力。这样企业才能在未来的国内外商战中把握时机，赢得优势。

2.1.1.2 来自市场经营中外部的压力

今日的企业市场经营，由于产品的同质性不断增大，竞争企业的直接对立，真正形成了一场没有硝烟的战争。竞争的空前惨烈，消费者购物中的精神追求及取向，材料成本的管理运输等等来自各方面的压力，使企业的经营者面临着极端困难的经营环境，其中最令企业感到压力的为以下几个方面：

（1）媒介的挑战

在资讯发展迅猛的今天，可以说消费者在购买商品中，左右他们购买行为是审美价值、统一的形象和有秩序的传播讯息所塑造出来良好的企业形象和企业理念。并且是通过多种渠道，立体式的传播手段，使诉求对象们在举手投足间都可以发觉。但前提是有规律，有计划，有目的的去实施，才能达到最佳的传播效果。反之，杂乱无章、盲目的、大量的投入，不仅不能给同类竞争者以"打击"，反而使自己的营销策略产生错误，给消费者以厌恶的感觉。常常以"事倍功半"的效果而收场。

（2）竞争对手的挑战

随着同类产品的差异性的减小，品牌之间的同质性增大，市场竞争也日渐白热化，企业间策略、活动，常常会相互抵消，消费者在选择品牌时所运用的理性也会减少，因此描绘企业（品牌）的形象要比强调产品的具体功能特征要重要的多。仅仅依靠"价格战"是不可行的，毕竟企业经营目的是赢得利润，只有拥有独特的经营、销售理念，才能在众多竞争者中脱颖而出。

（3）消费对象的挑战

随着生活形态的变化及人们教育程度普遍提高。消费者对产品、企业的选择上也日趋理性化、时尚化，传播媒介手段的增加，拓展了消费者的眼界，开阔了选择的角度，从传统的视觉传播媒介逐渐转变为非视觉因素，如产品本身、服务态度、人力因素等管理与教育上，以适应消费大众对产品品质、流通运送、服务水准、购物环境等诸多因素的要求。

（4）产品成本的挑战

由于电视、广播通讯、网络的普及，一些原始材料的成本日趋透明化，提高产品质量和降低生产成本又是企业营销战略中的重要砝码，所以如何平衡这一矛盾成为每位经营决策者最为头疼的工作。虽然在经营过程中扩大产品市场占有率，提高商品品牌的知名度都是重要目标，但毕竟赢得利润才是企业经营的最终目标，所以一味通过降低价格赢得市场、取悦消费者是不明智的。统一、稳定和易识别的企业形象在消费者心理上的优势是显而易见的。

（5）消费观念的挑战

消费者的审美取向及要求随着时尚性刊物与各种媒体的报导，对消费的审美走向起到了重要的作用，而且有愈演愈烈之势。消费观念的更新是现代每个企业必须面对和承受的压力，重新探讨企业经营的理念，如何站在消费大众的立场去看待企业经营理念，履行自己的社会责任，积极参与社会公益活动去回报社会各界的关注，创建良好的公众形象，是现代企业发展过程中的必修课。

现代企业经营中，为了能建立具有独特个性、独树一帜的形象，以便能在众多竞争同行中脱颖而出，让消费大众易于辨认其企业、产品等，就有赖于运用企业识别系统，来塑造鲜明的企业形象，以增进差异化、独特化的产品竞争力。因为企业本身的形象即决定、左右消费者的购买的欲望，而成为一种企业的竞争力。CIS 战略策划的重要一点，就是要完成企业个性设计和建立。目前许多大型、超大型企业集团正在兴起。一位总裁要领导数十位总经理、数百位中层干部与数万名员工，这时已经无法靠行政系统、利益控制、人际对话来卓有成效地实施领导。最佳的战略选择就是创立本集团的精神、文化、风格、管理的程序和方法，让这些去影响员工和发挥作用。而 CI 战略的导入恰恰能在企业文化创立方面发挥独特作用，给人朝气蓬勃的良好氛围，自然有助于激励员工士气，提高工作效率，使本企业在商业竞争中更具影响力，从而开创出美好的市场前景。

2.1.2 时机的选择

企业 CIS 战略的导入必须把握最佳的有利时机，与企业其他活动相结合，可以取得更为理想的效果。

首先，可与经营观念的转换结合起来。通过 CIS 的导入，改变传统的生产观念和产品观念，去除陈腐的旧印象，使之脱胎换骨，树立现代的企业经营理念，从总体上塑造良好的企业形象。

其次，可与企业的发展战略结合起来。当企业规模扩大，朝着多元化经营时；企业扩张合并，组建新的企业集团时；企业新产品开发成功并上市时；企业进军国际市场，需要外向型的国际化形象时等这些关键时机，适时的导入 CIS 战略将会使企业得到更快的发展。

最后，可与建立现代企业制度，转换企业经营机制相结合起来。在建立新的企业产权制度、责任制度、组织制度、管理制度时，导入 CIS 战略，有利于企业以新的形象展现在公众面前。实施 CIS 战略可以促进企业内部科学的管理体制的建立，有利于增强企业的活力。

毋庸质疑的是 CIS 产生既有企业内部自觉的需要也有外在市场竞争的压力，更为重要的是在当今竞争的社会，企业只有不断更新自身的经营理念和营销策略，才能立于不败之地。所以 CIS 的产生和发展是社会发展过程中的必然产物，但仅仅有好的方法是远远不够的，还需要用的恰到好处，这样才能取得事半功倍的效果。

CIS 战略作为企业的现代经营策略，虽然有它的共同性，但作为每个企业的实际情况不同，其导入 CIS 战略的动机与目的不同，解决问题的切入点也是不同的，因而在选择导入 CIS 战略的时机上，也会存在区别。CIS 战略策划方案的优劣与否，最终还是要靠企业的具体实施、导入来体现。只有在企业中准确地贯彻了 CIS 战略的理念精神，全方位地提高企业的内在竞争力，才能真正地达到利用 CIS 战略整顿内部、改善经营、增加员工的认同、提升企业形象的战略目标。那么企业导入 CIS 战略的时机，可从以下几方面考虑。

2.1.2.1 国有企业转制导入 CIS 战略

随着国有企业深化改革力度的加大，面对激烈的市场竞争压力，国有企业在向公司制转型的过程中，导入 CIS 战略已成为一种普遍的现象。他们面临将某某工厂重新命名、赋予现代企业商号和形象、创立主导品牌的战略性任务，特别是许多国企在战略重组，股份上市期间，更需要借助 CIS 迅速革新陈旧落后的国企形象，取而代之以全新的现代形象赢得股民和社会公众的信心。

2.1.2.2 扩大经营内容，向多元化发展

科技迅猛发展的今天，企业本身也不断求新求变，以应对变幻莫测的市场。在创立时期的经营内容也随之扩大、变化，并且企业生产出的商品比重也会跟着市场营销策略的调整而更新，朝着多元化的经营目标而挺进。在整个过程中，企业经营内部会出现不符合、不贴切的现象。这时需要开发新的 CIS 战略，建立既符合企业实际情况，又能契合未来发展的识别系统，统合新开发产品与企业之间的关系。

2.1.2.3 企业的周年纪念

企业的周年纪念日是企业发展过程的一种肯定，也是企业赢得市场的结果。在此期间，适时地实施 CIS 战略可以塑造企业的新形象，使企业朝着更远大的经营目标而迈进。尤其是企业周年纪念日当天公布导入 CIS 战略，既可使与会的企业界朋友对该企业加强信赖，又可增进员工的向心力、归属感，激发出工作热情，可谓一举多得。同时，在周年纪念时导入 CIS 战略，需要考虑几个月至一年的提前准备量，为导入 CIS 战略新形象设计留下时间。有的企业因对导入 CIS 战略的前期工作缺少准备，临近周年纪念前一两个月才猛然想起导入 CIS 战略，这样草率行事，必然得不到令人满意的效果。

2.1.2.4 稳固企业发展基础，加快与国际市场接轨

企业在经营初期，一般均以国内市场为主，因此商标多用拼音字母。然而随着时代的变迁，产业结构的改变，交通运输的便捷，企业进军国际市场的情形日益增多。原有企业和产品标识系统，不适应对国际市场的经营需要，修正原有的标志，标准字符号与开发 CIS 战略是建立品牌形象的最佳时机。CIS 战略形成了日趋完善的一体化作业流程，在国际市场竞争中显示出强劲的竞争实力。随着中国改革开放步伐的加快，企业产品市场发生了重大变化和动荡。一方面，企业将被彻底暴露在国际强大的对手面前；另一方面也为中国企业的发展提供了难得的机遇。中国企业界如果仅仅着眼于产品质量、价廉物美，而忽视企业形象的作用，将难以在未来的国内外商战中把握时机、赢得优势。

2.1.2.5 新产品的开发与上市

新产品开发成功，上市推广之前，企业如能适时的引入 CIS 战略，对产品进行形象包装，提炼产品理念，引入品牌概念，进行广告创意，制定营销策略和上市推广计划，将产品的广告、新闻、公关、促销、直销等手段整合传播，则既能收到促销效果，又能迅速建立起自己的品牌。新的产品代表着企业经营不断创新的具体成果，引领消费时尚的最新讯息，最容易使消费者认知新的概念和新的形象。这时配合新产品上市实施 CIS 战略，可以促进新品的广告效果，同时又具有塑造企业形象的功能，从而吸引消费者的目光，占得市场先机，配合良好的市场营销策略及相关部门，最大限度赢取利润。

2.1.2.6 改善经营危机，推动经济发展，促进良性循环

企业面临经营不善的危机和业绩停滞不前的现象时，除了调整和改善人事部门之外，可采取多种措施，来激活营销状况。从内部组织氛围的生动化、生产工艺流程的组织化，以及对外情报传达信息的系统化、视觉识别符号的同一化均能使企业经营的问题得到解决。而 CIS 战略的导入是众多措施中的最佳方案。

2.1.2.7 消除负面影响，统一企业形象

企业在经营中遇到某些客观上和偶发性的负面因素，致使在消费者和社会大众的一贯形象和良好口碑受到影响时，为改变企业形象，创造新的消费欲求，导入 CIS 战略也不失为一种最佳方式。此时实施 CIS 战略，建立正确的经营理念，并导入独特的视觉符号，传达出统一的形象来得到社会大众的认同。具有鲜明个性的经营理念才能有步调一致的

企业行为活动和容易识别的视觉形象，才会使企业在营销中获得成功。

2.1.2.8 经营理念的重整与再开发

企业陈旧的观念和形象无法适应飞速发展的时代时，必须调整企业精神与经营理念。其中尤其当企业的"脸"——标志、标准字及其他应用要素显得落伍时，必须使之有脱胎换骨，令人耳目一新的想法。但新的形象又是原有形象的延伸和递进，使整个社会大众觉察到变化和进取的新思路。如世界知名品牌可口可乐，在其漫长的发展过程中，不断更新、研发新形象，同时调整经营策略达数十次，使其始终保持在同行竞争的最前列，也成为该品牌长盛不衰秘诀之一。适时地导入 CIS 战略是企业改变陈旧面貌的良好时机，它象征企业求新求变的实质意义。

2.1.2.9 品牌差异性不明确，竞争产品形象模糊

在与消费者的沟通中，从标志到形象再到个性，都是企业的象征。品牌个性比品牌形象更深入一层，形象只是造成认同，而个性可以造成崇拜。在品质原料、生产技术，成本售价均趋向同质化的今天，很容易在消费识别认知中产生疑惑。导入 CIS 战略，塑造鲜明耀眼的视觉识别符号，强化市场的竞争力，加深消费者对企业品牌的认知，显得尤为重要。

2.1.2.10 连锁或特许经营导入 CI 战略

连锁经营、特许经营将成为 21 世纪主导商业模式。国内越来越多的饮食、服装、化妆品、珠宝、中介服务业等，希望以连锁经营或特许经营的形式，迅速打开全国市场成为知名品牌。对于这样的一步到位，进入品牌经营的商业模式来说，导入 CIS 战略就更是前提条件了。

总之，企业 CIS 战略的导入必须把握最佳的有利时机，与企业其他活动相结合，可以取得更为理想的效果。

2.2 导入 CIS 的前期准备

2.2.1 委托企业设计合同的签定

CIS 战略的导入对于企业本身来说是一项浩大的系统工程。它涉及到经济学、管理学、哲学、营销学、美学等多种学科，其中还会涉及到大量的法律问题，例如著作权、商标管理、专利权等众多知识产权方面的法律问题。企业经过一系列的比较、筛选或通过向社会竞标的方式，最终确定一家设计咨询公司来辅助该企业导入 CIS 战略。特别是企业导入 CIS 战略之初要和委托公司签定委托设计合同书。

2.2.1.1 委托企业合同定义

在国内委托合同是委托人和受托人的约定，由受托人处理委托人事务的合同，双方都要受到《中华人民共和国合同法》的制约。

2.2.1.2 委托设计合同的内容

（1）CIS 战略设计项目的内容及 CIS 手册的整理

CIS 战略设计项目在委托企业设计合同中条目最多，内容涉

及最广，它直接影响企业导入的内容，是企业需要发展的纲领。所以企业在签定委托设计合同前应进行周密的调查研究，制定出详细的适合本企业发展的设计纲目，以在未来的市场竞争中立于不败之地。

（2）支付委托单位的费用

导入 CIS 战略过程中委托单位所涉及到的费用（例如：调研、各项目的预算、画册、DM、CIS 手册及委托单位的利润等）。

（3）委托费用的支付方式

一般来说，委托费用的支付分为三个部分。

①委托设计的启动资金。一般是总体费用的30%。

②委托设计的确认资金。一般是总体费用的40%。

③经过整体的策划，委托单位把适合该企业发展的 CIS 战略导入后，即可收取总体费用的最后资金。

（4）双方的责任与义务

在此项目中，规定委托单位完成总体导入 CIS 战略的步骤和时间，以及该企业应向委托单位提供所需要的资料。

（5）知识产权约定

在知识产权的项目中，涉及的法律问题最多。CIS 战略项目繁多，企业自身难以独立完成，大部分工作都要委托给委托设计公司来完成。例如：企业的标志、品牌的名称、企业的颜色、标准图形的沿用、甚至企业的形象代言物、企业的歌曲等都有可能成为委托设计单位工作的内容。因此在委托合同中需明确这些权利的归属，对于预防企业与创作者的纠纷起着重要意义。按照我国

《专利法》第八条规定，一个单位接受其他单位委托的研究、设计任务所完成的发明创造，除另有协议的以外，申请专利的权利属于完成的单位，申请被批准后，专利权归申请的单位所有或者持有。我国《著作权法》第十七条规定，受委托创作的作品，著作权的归属由委托人和受托人通过合同约定，如果合同未作明确约定或者没有订立合同的，著作权属于受托人。通过这些法律规定可以看出，如果合同双方不约定知识产权的归属，权利应属于受托方，这样必将导致企业行使这些权利时受到权利人的制约。因此在签订委托设计合同时一定要在合同中明确委托作品或其他成果的知识产权归属于委托人，受托人不得自己或授权他人使用。

2.2.2 CIS 教育培训

CIS 教育培训在于根据不同行业及企业不同岗位的要求，有的放矢的进行。内容包括企业的理念、企业的管理、企业的形象等多方面来传授，并将各项内容综合起来，为企业员工提供内外兼修的、完整的职业形象解决方案。

2.2.2.1 目的和意义

（1）CIS 教育培训是企业进行市场竞争的需要。企业的竞争归根结底是人才的竞争，企业除了在人才招聘会上得到适合的人才以外，更重要的是通过正规的 CIS 培训提高员工的自我素质，并使其成为该企业所需要的人才。

（2）员工 CIS 教育培训是企业管理者激发员工活力的重要方法。CIS 教育培训是员工改变自我生活，激发自我能力的重要

手段，企业内部浓郁的 CIS 学习氛围，以及有效的学习方法都会对员工产生足够的吸引力，有利于该企业员工队伍的稳定。高瞻远瞩的管理层，甚至把 CIS 学习培训作为一种员工福利用来赠送或奖励员工。

（3）CIS 教育培训是企业经营管理现代化的基础。由于市场竞争日益激烈，员工的素质良莠不齐，导至有些企业吸纳的优秀人才不了解企业理念，无目标的奋斗。所以 CIS 教育培训作为人才进入企业，融入企业必要保证，已得到大部分企业的认可。这正是推动企业蒸蒸日上，永葆青春的原动力，因此，CIS 培训是企业管理现代化的基础环节和可靠保证。

2.2.2.2 企业 CIS 培训的规定

企业因经营的范畴和性质的不同，所以在内容上要根据本企业的要求来予以规定，总的来说，CIS 教育培训的内容可有以下几点：

(1)企业相关知识的培训。此培训是为了让每个员工对该企业的历史、规模、规划、远景发展、企业理念、经营范畴、内部规章制度等有一个总体基本了解。

（2）员工的权利与义务培训。此培训是让员工在了解企业概况的基础之上，对自己的权利与义务进行认识。在履行自我权利的基础上来尽自己对企业的义务，激励员工工作的积极性。

（3）员工专业技能的培训。此培训是为了提高管理者及操作者的实际工作技能。

2.2.3 建立 CIS 工作委员会

企业在导入 CIS 战略时，必

须要对整体计划列出工作要求，与此同时也需要设置 CIS 战略计划的实施主体，这个主体我们称之为"CIS 工作委员会"。

CIS 工作委员会用来筹备企业对 CIS 战略的导入，并全面负责实施。这一委员会可由各部门的负责人员组成，由高层管理人员担任委员会主席，并且聘请相应的专家为顾问。CIS 工作委员会的职责是制定导入 CIS 战略的方针，计划导入 CIS 战略的规模，组织各部门实施贯彻，监督 CIS 战略进程的质量等。

2.2.3.1 CIS 工作委员会的运作条件

CIS 工作委员会作为导入 CIS 战略的主体必须具备以下运营条件，才能发挥其职能。

（1）CIS 工作委员会应隶属于公司最高负责人。

（2）CIS 工作委员会的意见应集合公司各部门的意见，要站在全公司发展的立场上，做各事项的讨论评断。

（3）导入 CIS 战略必须循序渐进，由每一位委员担任其中一部分工作，对负责事项的内容和完成期限进行管理监督。

（4）各委员不仅是公司内部建设的重要参与者，同时也是对公司员工了解导入 CIS 战略意义的宣传者。

2.2.3.2 CIS 工作委员会组成方式

一般而言，国内常见的 CIS 工作委员会的组成方式有两种形式，部门负责型和计划团体型。

（1）部门负责型
①由总务、企划、宣传等单

位负责 CIS 的进行工作。

②以前由各企划广告单位负责，近阶段由总务系统担任推广部门的情况也不少。

③有些公司为了导入 CIS 战略而设立独立的专门处理机构。

(2) 计划团体型

①由各部门派出代表组成，总共人数约为 10~15 人为好。

②大部分的委员都属于兼任性质，只有少数人员专职于 CIS 工作委员会。

③大型公司往往需要专任的计划团体。

2.2.3.3 CIS 工作委员会的原则

（1）CIS 工作委员会的自身原则

①导入 CIS 战略就是重新构筑企业形象的工作，要以更远的目光来审视企业的问题，同时着手于根本工作的改善。

②CIS 工作委员会对自身的工作负责，并集合有能力的管理人员，才能做出实质的决策。

③参加的委员经验越丰富越好。

（2）各组织关系的原则

①导入 CIS 战略是全公司发展的重大问题，和内部各组织都有连带性关系。所以要想有效地推进 CIS 战略，就必须充分考虑各部门的意见和实际情况。

②公司内部各部门，应派有能力的人员参与公司的 CIS 战略建设，这样导入 CIS 战略意义才显著。

3

第 3 章 企业标志

3.1 标志的概述

标志是一种以精练的形象来表达一定含义的特定图形、文字，同时也是一种超浓缩的视觉语言。标志在企业形象中起到了龙头的作用，在 VI 中占据了先导的地位。它是企业目的、性质、特征、内容、精神等的总体表现。美国哲学家查尔斯·桑德斯曾说："一个标志符号就是对某人、某企业来讲，在某方面具备某种资格，能够代表某一事物的东西。"

起初标志设计是指企业的商标设计，在商业发展到一定程度时，就出现了同类产品的竞争，品牌意识开始萌生，企业需要创立统一的图形或文字来区别其他企业同类产品，强调自己产品的质量，这就导致了商标的产生。中国许多老字号品牌即是如此，在世界范围内，也不乏这样的老品牌。

当今企业标志范围已越来越广，标志大体可分为商业性标志、非商业性标志、公共标志三种。它们在整个社会活动中扮演着不同的角色，同时也发挥着不同的作用。

3.1.1 标志的定义

在 VI 设计中应用最为广泛、出现频率最高的当属企业标志。企业标志不仅具有发动所有视觉设计要素的主导力量，同时也是统合所有视觉要素的核心，更重要的是标志在消费群体心目占据重要的地位。

随着社会不断的发展和进步人类社会日趋复杂，国家及民族的差异形成交流中的各种障碍。而标志以表达特定的内涵，丰富的形象语言为人们提供了便捷的条件，从而达到了沟通的作用。

店标、厂标等专用标志是在发展经济、创造企业效益、维护企业和消费者权益等方面，具有重要的实用价值和法律保障。

美国快餐餐馆麦当劳标志，

图 3-1 麦当劳公司标志

由 Jim Schindler 设计，1962 年作品。

当 Ray Kroc 在 1955 年授权 Dick 和 Mac 麦当劳即食汉堡经营权的时候，其标准建筑物包括一对钢制弧形物，建筑两旁一边一个，从走近建筑物的角度看，这两个弧形构成金色的字母"M"，很快它就成了连锁店的标志。

图 3-2 索尼爱立信标志

英国移动通讯器材标志，由 Wolff Olins 设计于 2001 年。

索尼爱立信的"液态"标志可以被解读成字母"S"或者字母"E"或者一个鸡蛋、一个眼球，或是一颗跳动的绿色心脏。

图 3-3 英国电信最早标志

图 3-4 英国第一次换标志的标志

图 3-5 英国电信现在应用的标志

英国电信从一个公共服务机构，到一个提供与 170 个国家进行沟通服务的集团的转变，可以通过三次标志改革来体现。第一次改变是在 1980 年，由 Banks & Miles 主持设计，把被私有化之后的邮政通讯局更名为英国电信，被加上重点号的代表技术的字母 "T"，出现在一片光亮之中。Wolff Olins 的 "风笛手"，在 1991 年吹响了 "号角" ——新的经过裁减的上扬的 BT 标志。这个风笛手一手在耳畔，一手握着风笛的姿势，代表了沟通，但是却不禁让人们想到了小仙女。这个标志被保留下来，直到 2003 年，当一个新的 BT 管理团队想要建立新的优先发展战略和 "行为价值" 的时候，人们想起了 Wolff Olins 在 1998 年原创的标志。

当时公司否定了这个设计，但在 2000 年时却被作为 BT 开放世界（一项互联网服务）的标志。2003 年该标志被分离出来做整个集团的企业标志。

德国传统体育用品制造商阿迪达斯标志，设计于 1971

图 3-6 阿迪达斯标志

年。阿迪达斯的有三条斑纹的标志，在 1949 年时首次使用在运动鞋上，1967 年使用在其运动服饰上，在这方面，公司创建者 AdiDassler 远远走在其他运动用品商的前面。20 世纪 60 年代后期，他想找一个新的标志来引领作为公司产业延伸的普通及休闲服饰的潮流。从超过 100 个标志创意中筛选出来的三叶草标志，它的三个几何形状的片状物或是树叶造型，表达了阿迪达斯品牌的新的多样性特点。1972 年，这个标志被首次用在其产品上，后来这个标志成为该公司的仪器标志及其 "传统" 产品部门标志。

图 3-7 英国冰淇淋 HUMOR 标志

英国冰淇淋联盟标志，由 CarterWongTomlin 设计，1996 年作品。和路雪是世界上最大的冰淇淋制造商，年销售额高达 30

亿英镑。它在全球有超过 50 个子品牌，包括英国的 Wall's 和欧洲南部的 Algida，这个公司采取把这些子品牌统一在一个品牌之下的方法来增强其品牌在全球范围内的认知度，并在包装和储存方面达到规模经济的效果。

图 3-8 美国工程及矿业设备制造商 CAT 标志

美国工程及矿业设备制造商标志，设计者不祥。CAT 公司因在一战中为联军提供 "履带车" 装甲坦克而闻名，现在这个公司因生产移动土方、石块及矿石的机器而更加出名。字母 "A" 是它的标志。这个品牌形象使其得以进军耐用靴子、服饰及相关配件领域，进行多样化经营。

图 3-9 日本成像设备制造商 Konica Minolta 标志

日本成像设备制造商标志，由 Saul Bass 设计于 1978 年，新字体由 Konica Minolta 设计于 2003 年。Saul Bass 设计的标志是给 Minolta 公司的，后来这个公司与 Konica 公司合并了。根据 2003 年发表的更改标志声明，这个标志代表着地球，上面的五条线代表 "发光棒和我们在成像领域丰富而广阔的技术经验"。

3.1.2 标志的种类

标志以其特定的图形及文字来表达事物的内涵，便于人们的识别与记忆。这种高度概括的图形可消除国家、民族及语言的障碍，从而达到传达信息的目的。

3.1.2.1 商业性标志——商标

图 3-10 德国大众 VOLSKWAGEN 公司标志

德国汽车制造商标志，Franz Xaver Reimspiess 设计于 1938 年，MateDesign 改进于 1996 年、2000 年。

早期的版本中，这个标志被环绕在德国劳动联盟的齿轮形状标中。在 MateDesign 设计的最新版本中，这个标志碑加上了三维效果。

图 3-11 中国通讯网络生产商 HUAWEI TECHNOLOGIES 标志

中国通讯网络生产商标志，由 Interbrand 工作室设计，2006 年作品。

作为中国新兴经济的巨头，

华为这样解释它的新标志含义："放射形的形态显示了华为致力于客户建立长期价值的决心，并且通过使用保持平衡、分段的设计方法来暗喻华为的开放性思维态度和合作策略"。

图 3-12 AT & T 公司标志

美国通讯供应商标志，由 Bass/Yager 工作室设计，1983 年首次设计。Interbrand 工作室于 2005 修改。

1983 年，Bass 为 AT&T 设计了一个代表其全球网络及国际视野的球形标志。这个标志成为美国最受欢迎的标志之一，也让这个标志收获了高达 98% 的认知率。当 AT&T 与 SBC 合并的时候，它的名字被保留下来。

图 3-13 美国 Levi Strauss & Co 标志

美国服饰公司标志。由 Levi Strauss & Co 设计，1936 年作品。

这是一个非比寻常、独一无二的标志，用二维的图像来表现三维产品细节是需要勇气的。红色标签彩带上的符号仅仅部分出现在其二维图像上面。这个标签最初出现于 1936 年，该公司把它钉在 Levi's 501 牛仔裤的右臀兜上，使其明显区别于竞争对手颜色暗陈的粗布牛仔裤。

图 3-14 COCA-COLA 公司标志

美国软饮料品牌标志，由 Frank Robinson 设计于 1886 年，Lippincott Mercer 更新于 1968 年。

John Pemberton 博士，这位亚特兰大的药剂师之所以能在他的后院里创造出可口可乐，要好好感谢他的会计 Frank Robinson。是 Robinson 给这个令人兴奋的富含咖啡因的可乐果和古柯碱提取液的饮料起的名字。他也画出了这个几乎所有地球人都认识的标志草图。然而，在 20 世纪 60 年代后期，他设计的标志却因为被随意用多种颜色和在多种背景下复制而发生了贬值。可口可乐与百事可乐的竞争非常激烈，而它的商标却是很脆弱的。Lippincott Mercer 为一些美国家庭式公司设计了一些标志，比如 Betty，Crocker 和 Campbells 等。可口可乐公司想要一个简单的、红白相间的设计作为自身的标志。

图 3-15 日本 TOYOTA 标志

此标志发表于 1989 年 10 月，TOYOTA 创立 50 周年之际，设计的重点是椭圆形组成的左右对称的构成。椭圆是具有两个中心的曲线，表示汽车制造者与顾客心心相印。并且，横竖两椭圆组合在一起，表示丰田 (TOYOTA) 的第一个字母 T。背后的空间表示 TOYOTA 的先进技术在世界范围内拓展延伸，面向未来，面向宇宙不断飞翔。

"商标"是指一种商品表面或包装上的标志、记号，它使这种商品和同类的其他商品有所区别。

商标代表着一种权益，由商标法保护的权益是商标拥有者的一种工业和知识产权，别人不得伪造、仿冒，它具有法律上的专有性，因此商标可作为有价财产登入企业的帐户。

商标代表着商品及制造商的质量、信誉及人们对商品的印象，因此，现在许多厂家和企业都把商标与厂标统一起来，使之成为一个完整的企业形象标志，将它用于企业所涉及的任何场合，这就是企业形象计划。商标大体上可分为两类。

（1）为了区别商品的不同制造商或同产品的不同类型、牌号而制作的标志，这种商标是商品标记。

（2）为了某种商务活动，如贸易、商业、交通和服务等行业活动而制作的标志。

3.1.2.2 非商业性标志——徽标

图 3-16 世界野生动物基金会 WWF 标志

瑞士慈善环保基金标志，由 Sir Peter 设计于 1961 年，Landor Associates 修改于 1986 年。

作为一个慈善标志，它的特别之处在于，它被认为是带有浓重市场化痕迹的全球品牌。一个有效的，通用的标志可以提升，至少可以部分提升标志的曝光率。1961 年，世界野生动物基金会（WWF）的创始人非常清楚怎么做可以赢得人们的同情心，就像创始人之一 Sir Peter Scott 说的："我们需要一种漂亮的，处境危险的，全世界的人都喜欢的动物。我们也需要一种动物能代表正在大自然界中消失的所有动物。"一个毛茸茸的，有着黑色眼圈的大熊猫形象也具有现实的意义：它能够穿越语言的界限，而且，黑白印刷的活动文案也使人印象深刻。媒体对中国大熊猫琪琪到达伦敦动物园铺天盖地的报道是这个标志的灵感来源。英国环境科学家 Gerald Watterson 设计的草图被 Scott 进一步修改成一个完善的标志，1986 年熊猫伸直了腿，耳朵和眼睛也被扩大了。在 2000 年 MORL 在英国境内所作的调查中，对"WWF"的标志认知率高达 77%。

图 3-17 2010 年南非足球世界杯标志　图 3-18 1978 年阿根廷世界标志

图 3-19 1974 德国世界杯标志

图 3-20 1982 年西　图 3-21 1994 年美国班牙世界杯标志标　世界杯标志志

企业、公司、社会团体、学校、政府部门、重大公共活动的标志称为徽标。徽标的使用范围是最为广泛的，从公司、团体、企业、机关到国家及个人，都有属于自己的徽标，如个人有自己的图章，警察有警徽，军队有军徽，党有党徽，国有国徽。

3.1.2.3 公共系统的标志——公共标识

图 3-22 公共标识

公共标识是用于公共场所的识别符号，这类标志包括交通标识、产品使用标识、安全标识、质量标识、体育运动项目标识、场所标识、指示牌、路牌等。它们被广泛应用于公共场所，是无声的向导，也是被大多数公众所理解并接受的识别符号，它们超越语言、地区、民族的界限，具有更为广泛的通用性及国际性。这种标志不仅要易于识别，更要易于理解、便于记忆。

3.2 标志的特性

在市场经济的社会里标志已成为商品不可或缺的组成部分。在消费者对商品发生购买行为时，企业标志直接影响着商品的竞争力，这样标志就有了自身的价值。标志既有经济价值又有信誉价值，企业标志的特性，台湾地区设计师林磐耸先生总结为以下七点：识别性、领导性、统一性、造型性、延展性、系统性、时代性。

3.2.1 识别性

图 3-23 韩国工业集团 LG 标志

韩国工业集团标志，设计于 1995 年。

该公司以"好运——金星"的名称创建于 1947 年，这个韩国品牌主要是以消费电器而广为人知，1995 年该公司简化了它的名称。与很多远东地区的企业一样，LG 对企业的标志的每一个元素都有一套解释。标志代表"世界、未来、年轻、人性和科技"。

图 3-24 日本汽车制造商 MAZDA 公司标志

日本汽车制造商标志，设计于 1997 年。

马自达 1997 年的"M"形标志强调了中心的"V"字，这是"公司强壮羽翼在未来飞翔的象征"。

图 3-25 丹麦玩具生产商 LEGO 标志

丹麦玩具生产商标志，由 DotZero 工作室设计，1998 年作品。

创作于"泡泡字母最受市场及孩子欢迎"的时代，Lego 公司当时正在进行迅速的国际扩张，这个单一符号取代了以前使用过的多个标志。

图 3-26 美国石油公司 Tecaco 标志，

美国石油公司标志，1981 年设计，修改于 2000 年。

Texaco 的流线型星星标志在使用了将近 20 年之后，使得该公司有足够的把握相信，即使没有文字出现在标志上，公众对其标志的认知度一样会很高，于

是就放手让标志图形自己去发挥作用。

图 3-27 美国通用汽车标志

GM 是美国通用汽车公司名称的缩写，取自通用汽车公司（General Motor Corporation）英文全称的前两个单词的第一个大写字母。各车型商标都采用了公司下属分部的标志。1902 年 9 月 16 日，威廉·杜兰特建了早期的通用汽车公司，总部设在美国的密执安州底特律城。后经威廉·杜兰特的几番努力，先后联合或兼并了别克、凯迪莱克、雪佛莱、奥兹莫比尔、奥克兰、庞蒂克、休斯和 EDS 电脑等公司，成立了美国通用汽车公司，使原来的各小汽车公司成为该公司的分部，从而使公司下属的分部达 30 余个之多。其中较知名的分部有别克分部、奥兹莫比尔分部、庞蒂克分部、雪佛莱分部、凯迪莱克分部等。

图 3-28 瑞士袋装食品及糖果制造商标志

瑞士袋装食品及糖果制造商标志，由 Henri Nestle 设计于 1868 年，Nestle 修改于 1995 年。

Henri Nestle，这个瑞士的药剂师发明了针对不能进行母乳喂养的婴儿的替代性营养品。他把自己的家族标志作为公司的标志；在德国方言中"Nestle"意思为"小巢"。这个母鸟喂养它的幼鸟的形象再适合不过了。值得一提的是 140 年来唯一对标志

的修改是原先标志中三个幼鸟中的一个飞走了——这也是一个信号，暗示着雀巢市场份额的减少。

图 3-29 荷兰 ING 保险公司标志

代表 ING 集团的"狮子"标志，随着国际化脚步的日益加深，遍及全世界。旧地图上的荷兰像极了一只狮子，自古以来，荷军的盔甲便以狮子为标志，取其地位卓越；ING 集团以狮子为商标，期望自己在全球的金融服务市场上，也能像狮子般强健英挺，成功取得领导地位。

标志的识别性是标志的最基本功能，企业标志由于设计的题材丰富、表现形式的多样、造型要素的活泼、构成要素的繁多，则具有独特而强有力的视觉冲击力。因此标志的识别性是最具企业认识，识别信息传达技能的设计要素。标志的识别性要求企业标志在形式上具有独特性，企业标志与标志之间必须保持一定差异，以免造成雷同、混淆。标志的个性特征越鲜明视觉表现力就越强，容易被消费者识别。

3.2.2 领导性

图 3-30 AIR CANADA 标志

加拿大国际航空标志，设计于 2004 年。

加拿大航空公司以国家的象征图形来突出自己的形象，使观者一目了然。

图 3-31 BANK OF AMERICA 标志

美国商业银行标志，由 Enterprise IG 工作室设计，2005 年作品。

国家银行收购美洲银行的并购案是当时历史上最大的并购案。

不同寻常的是，新银行的名字据说是根据被收购银行得出的，因为美洲银行的历史和其作为国家机构的身份非比寻常。美洲银行的名字和视觉标志——编织在一片田地中心的星条图案——有某种怀旧的味道。

图 3-32 柯达标志

美国摄影耗材及设备品牌标志，由 Brand integration Group 设计，2006 年作品。这个印刷体标志以经典颜色黄与红、字母 K 与箭头来构成，试图展示一个"更加国际化和全球化的印象"，并且与公司以往的底片销售和处理业务相区分。

企业标志是企业视觉传达的要素核心，同时也是企业发动情报传达信息的主导力量。它在 VI 设计中是第一构成要素，并且居于重要的领导地位。因而标志在企业经营的设计统合上以决定性的角色来领导其他设计要素及应用要素两大部分。

3.2.3 统一性

图 3-33 奔驰标志

奔驰汽车标志——海陆空全方位的三叉星。德国是世界现代汽车的发祥地，世界上第一辆汽车就是 1885 年由德国工程师卡尔·本茨设计制造的。奔驰汽车的标志是简化了的形似汽车方向盘的一个环形圈围着一颗三叉星。三叉星分别代表了陆地、海洋和天空，表示其无论在海上、天空还是陆地都神通广大。

图 3-34 美国快递公司标志

美国快递公司标志，由 Landor Associates 设计，1994 年作品。

按照设计师 Lindon Leader 的说法，这个标志之所以被联邦快递从众多设计中选中，是因为该公司的首席执行官 Fred Smith 指出字母 "E" 到 "X" 之间的箭头图形。为了这个标志，他设计出新的印刷方法和字体：Univers 67 号字体（加粗）和粗体 Futura 的组合。

标志代表着企业经营的理念、经营内容、产品的特质等，是企业经营抽象精神图形的结晶。一经确立其造型不能轻易更改或破坏，否则将会影响到企业传达给消费者的信息，更会对企业产生不良的负面影响。

3.2.4 造型性

图 3-35 美国燃料及润滑油 ESSO 标志

美国燃料及润滑油公司标志，设计者不详，1923 年作品。

Esso 保留了以前埃克森美孚公司美国海外市场的一个标志。它的名称来源于 "SO" 的发音，意为标准石油，这个标志的一部分最后还被埃克森公司留用。

图 3-36 意大利汽车 FIAT 标志

意大利汽车品牌标志，由 Robliant 联合工作室与菲亚特造型中心联合设计，2006 年作品。

这个更新过的带有三维效果的新标志，让人联想起从 1931 年到 1968 年一直装饰着菲亚特汽车的盾形标志。

Mobil

图 3-37 美国燃料及润滑油品牌 MOBIL 标志

美国燃料及润滑油品牌标志，由 Chermayeff & Geismar Inc 设计，1964 年作品。

这个采用了红色、黑色和白色的简单标志中的字母 "O" 令人印象深刻，两个同心圆代表了动力和灵活性。在 1999 年埃克森与美孚合并之后，美孚公司内部依然沿用该商标。

图 3-38 法国标致汽车标志

标致汽车公司的前身，是 19 世纪初标致家族皮埃尔兄弟开办的一家生产拉锯、弹簧等铁制工具的小作坊。这些铁制品的商标是一个威武的雄狮，它是公司所在地弗南修·昆蒂省的标志，有不可征服的喻意。体现了标致生产的拉锯的三大优点：锯齿像雄狮的牙齿一样久经耐磨、锯身像狮子的脊梁骨富有弹性、拉锯的性能像狮子一样所向无阻。当1890年，第一辆标致汽车问世时，为表明它的高品质，公司决定仍沿用"雄狮"商标。

图 3-39 美国咖啡 STARBUCKS 标志

美国咖啡连锁店标志，由Heckler联合工作室设计，1987年创作，1992年更新。

星巴克咖啡与茶及调味品店于1971年创建在西雅图，它的标志是一个棕色的圆，里面是一个16世纪挪威木刻的有两条尾巴的生育女神的形象，或被认为是歌姬的形象。直到其被卖给另一家咖啡连锁店Giornale的老板Howard Schultz的时候，这个标志才被撤掉。这个女神的形象被换成了一个绿色的圆（继承了Giornale标志）并被重新设计，店名也被缩短为星巴克咖啡店。1922年，Tery Heckler注册了这个标志，并把重点放在了女神上半身。

图 3-40 美国在线玩具零售商 ZEBRA 标志

美国在线玩具零售商标志，由Turnrer Duckworth设计，2003年作品。

"有趣而且变化无常"，但是"和蒂凡尼具有相同的水准"是这个高端玩具商店对其标志意义的解释。

企业标志设计的题材尤为丰富，有抽象图形的标志、具象图形的标志及文字标志，此外标志的表现形式种类繁多，因而标志的造型性就显得格外活泼而生动。企业标志要获得良好的传播效果，以及吸引人和感染人的力量，就必须具备强劲而有力的造型性，一个优秀的标志不仅具有自身的美感，同时也美化了产品。产品还可以通过标志来提高自身的价值，扩大企业销路。相反造型很差的标志会引起消费的反感，降低产品在消费者心目中的位置。

3-2-5 延展性

Solutions for a small planet™

图 3-41 美国计算机技术及服务公司 IBM 标志

美国计算机技术及服务公司标志，由Paul Rand设计，1962年作品。

作为高科技电脑公司，该标志象征着"科技、前卫、智慧"，整体标志采用等线形式，以公司名称缩写的形式推出，极具个性。粗细等量的线构成图形和不同粗细长短的线排列组合的变化，会给人们以不同的心理感受。直线、曲线、斜线、放射线的不同构形，可以创造出许多令人意想不到的形态。该标志中，水平等线对字母的造型处理，凭借着线条本身所具有的运动感，构成了生动、严谨的崭新形象，标志图形单纯、醒目、易于识别。

图 3-42 日本富士公司标志

新的标识相对于原来的标志并没太大的改变，将原来的标志左边的红色图形去掉了，同时将标志中"F"和"I"两个字母做了锐化的处理。据富士胶片方面表示，新标志将展现企业新的形象，同时也是对企业在技术层面上取得突破和卓越成绩的一个代表。而新标志中"F"和"I"两个字母的锐化也表现了富士胶片对高端技术的不断追求。

标志是企业应用要素中出现频率最高，应用最为广泛的视觉传达要素，在各种广告宣传物上、传播媒体等，企业标志可以针对印刷方式的不同、施工技术的不同、材料种类的不同等，而具备各种相对应的延展变体设计，比如彩色、黑白、放大、缩小、阴、阳处理等延展性技能，以适应其在各种场合中的需要。

3.2.6 系统性

图 3-43 为美国半导体产品制造商标志，由 FutureBrand 设计，2006 年作品。新标志优化了"椭圆形"，把原先一笔勾勒的椭圆形，变成组合巧妙的图形，代表其可回收性的特点。

企业标志一经确立后，随即开展标志的经济化作业，其中包括标志与其他设计要素的组合规范，这种规划方案能达到企业设计要素的系统化、规模化、标准化的科学管理方法，对提升 VI 设计的效率有着很大的作用。当企业经营达到多元化或企业重组合并，采用同一标志不同颜色或同一外形不同图案的方式，来强化企业的同一精神。

INTEL CELERON D

INTEL PENTIUM 4

INTEL CELERON

INTEL PENTIUM 4 HT

INTEL PENTIUM III

INTEL VIIV

INTEL XEON

INTEL CORE 2 DUO

3-43 美国 INTEL 标志

3.2.7 时代性

图 3-44 德国护发用品 WELLA 标志

德国护发用品制造商标志，由 Caus Koch Corporate Communications 设计，1993 年作品。长长的流线型的发丝从 1927 年开始作为威娜的标志，但是直到 1993 年这个头像都以一种颜色出现。重新设计时，头发被设计成更自然的波浪形并且加上了更加女性化的侧影形象。

图 3-45 英国石油 BP 标志

1909 年，BP 由威廉·诺克斯·达西创立，最初的名字为 Anglo Persian 石油公司, 1935 年改为英（国）伊（朗）石油公司，1954 年改为现名。BP 由前英国石油、阿莫科、阿科和嘉实多等公司整合重组形成，是世界上最大的石油和石化集团公司之一。BP 的太阳花标志是根据古希腊的太阳神设计的。公司的主要业务是油气勘探开发、炼油、天然气销售和发电、油品零售和运输以及石油化工产品生产和销售。此外，公司在太阳能发电方面的业务也在不断壮大。

Apple Computer

Apple Compute

图 3-46 美国 APPLE 标志

苹果最早的徽标是牛顿坐在苹果树下读书的图案，后来才改成一个被咬了一口的苹果，是由 Regis McKenna 公关公司的艺术总监 Rob Janov 设计的，Janov 开始制作了一个苹果的黑白剪影但是总感觉缺了些什么，"我想简化苹果的形状，并且设计成在一侧被咬了一口，以防苹果看起来象一个西红柿，"Janov 解释道。

这个品牌采用了一种水果的名称，它的视觉符号是被吃掉了一部分的苹果，没什么重要含义，然而这一选择证明了它的价值观——拒绝将计算机神化。苹果是人机关系中叛逆的先行者，人们将不再崇拜或恐惧计算机，而是将之视为一种娱乐。因此该品牌名称符合后来越变越明显的初始想法——一种新的标准已被确立。

图 3-47 德国 COMPAQ 标志

康柏电脑，是由罗德·肯尼恩（Rod Canion），吉米·哈里斯（Jim Harris）和比利·默顿（Bill Murto）三位来自德州仪器公司的高级经理于 1982 年 2 月，分别投资 1000 美元共同创建的。

2002 年 9 月 3 日当时世界排名第二的计算机制造商——美国惠普公司 (Hewlett-Packard) 收购世界第三大计算机制造商——康柏计算机公司(Compaq Computer)。收购金额约为 250 亿美元。2002 财年惠普的销售额为 470 亿美元，康柏为 400 亿美元，可以说是旗鼓相当。这一惊天并购，彻底改变了之后的 PC 制造业的市场份额和领袖地位。在 IBM 将个人 PC 业务嫁入联想（Lenovo）之后，hp 顺利地坐上了世界第一的宝座。并购之后的康柏逐渐远离了我们的 IT 生活，只是在移动设备、笔记本等为数不多的产品上，依然保留着原 COMPAQ 的商标。2007 年 5 月，惠普康柏在惠普全球移动技术峰会上低调宣布换标。新标志除了紧跟风潮，走圆滑的路线外，最大的亮点依然来自"Q"，原有的康柏商标是 Q 字母的巧妙变形，这次更将 CQ 两个字母合二为一，既可以组合名称的形式出现，也可以单独使用。

面对变化莫测的市场形态，企业应对标志重新检讨改进，保留原有精神特质或部分形象，增加新颖脱俗的造型要素，采取清新明确的表现形式创造兼顾新旧特质的标志。企业标志的更新代表着经营者思新求变，通过创造追求卓越的精神来避免企业日益老化陈旧过时。

3.3 企业标志的设计形式

企业标志是将企业的性质、规模、产品的内容来传达给消费大众的视觉识别符号，而最简便易记的识别方式，是以简洁明确的图形与简洁明了的语言文字组合而成。由于标志的设计形式丰富、广泛、多样，大体可分为具象型表现形式的标志、抽象型表现形式的标志及文字型表现形式的标志。

3.3.1 具象型表现形式的标志

图 3-48 瑞士化学用品制造商 CIBA SPECIALTY CHEMICALS 标志

瑞士化学用品制造商标志，由 Gottschalk & Ash 工作室设计 1966 年作品。

1966 年 Ciba Geigy，世界上最大的化学及生物制品集团，

与 Sandoz 制药公司合并，成为生命科学集团 Novartis 公司。几乎在同一时间，这个特殊化学品部门被从这宗世界上最大的合并案中剥离出来，并以"Ciba"的名称在全世界 117 个国家营业。这个标志有 5 种颜色各代表企业的一个部门。

图 3-49 荷兰 SHELL 标志

壳牌是世界上最驰名商标之一，其由红、黄两色组成的贝壳标识，鲜艳醒目。它的形状以及颜色经过若干次的演变而最终确定下来，独具特色。之所以会选中红黄两种颜色，很可能的原因是由于这两种颜色鲜艳夺目，代表着延承公司的历史渊源，又比较能够为世界大多数国家的风俗文化所认可和接受。

壳牌是荷兰皇家壳牌集团的简称。壳，望文生义，就是贝壳，英文为"shell"，为什么经营石油业务的公司却与贝壳有关系呢？现在众所周知的壳牌集团，大约在一百年前，由两家不相干的公司组合而成。一家是英国壳牌运输贸易有限公司，一家是荷兰皇家石油公司。壳牌运输贸易有限公司，前身是由老马科斯·塞缪尔创办的专门从事贝壳生意的小公司，经由他的儿子小马科

斯·塞缪尔和萨姆·塞缪尔创新，大大拓展了公司的经营范围，从小装饰品发展到航运业，并且打破了传统航运模式，大大降低了成本，为该公司将来的扩张奠定了坚实的基础。兄弟俩为了纪念父亲，决定用各种贝壳为油轮命名，并一直延续至今。

图 3-50 美国 PLAYBOY 标志

1953 年，美国人休·赫夫纳创造了"PLAYBOY（花花公子）"服饰品牌。PLAYBOY 的译意为时尚、风雅、快乐，蕴涵着"永远流行，永远年轻"的风格。

PLAYBOY 历经了近 50 年的风雨洗礼，几经磨砺之后，化蛹成蝶，成为了全球时尚潮流的国际知名品牌，销售网点遍及全球，有逾千家连锁专卖店（柜）。1986 年 PLAYBOY"花花公子"品牌服饰进入中国市场，十余年的精心打造，已让中国广大消费者领略了国际品牌的风采，其"时尚、风雅、快乐"的风格已成为现代人士高贵身份的象征，并多次荣获全国性服装节颁发的"最受欢迎十大品牌"称号；其系列产品有西装，衬衣，西裤，休闲裤，T 恤，夹克，毛衣，皮具，

皮鞋，休闲运动鞋，袜子，内衣裤等，品种十分丰富。

图 3-51 美国 JAGUAR 标志

美洲虎汽车的名字起源，则可追溯到 1937 年。该年 6 月 SS 汽车公司正式接收了 Sunbeam（Wolverhampton）汽车公司。当时，里昂斯爵士十分希望能把汽车命名为 Sunbeam，因为 Sunbeam 曾于多次的世界赛车中取得冠军，可谓"胜利"的标志。可惜，公司内部出现了一些问题。最后，被迫放弃使用 Sunbeam 作为公司的名字。

美洲虎又称捷豹，缘由英文 Jaguar 的音译，它的汽车标识被设计成一只纵身跳跃的美洲虎，造型生动、形象简练、动感强烈，蕴含着力量、节奏与勇猛。

图 3-52 美国电视网 CNBC 标志

美国电视网标志，由 Chermayeff & Geissbuhler Inc. 设计，1986 年作品。1986 年将这个设计于 1956 年的色彩丰富的孔雀翅膀羽毛数量减少到 6 个（代表"NBC"的 6 个部门），它的头转向，成为一个更为前瞻性的姿势。

图 3-53 美国 BELL 标志

AT&T 的前身是由电话发明人贝尔于 1877 年创建的美国贝尔电话公司。1895 年，贝尔公司将其正在开发的美国全国范围的长途业务项目分割，建立了一家独立的公司称为美国电话电报公司（AT&T）。1899 年，AT&T 整合了美国贝尔的业务和资产，成为贝尔系统的母公司。该公司一直是美国长途电话技术的先行者。1984 年，美国司法部依据《反托拉斯法》拆分 AT&T，分拆出一个继承了母公司名称的新 AT＆T 公司（专营长途电话业务）和七个本地电话公司（即"贝尔七兄弟"），美国电信业从此进入了竞争时代。1995 年，又从公司中分离出了从事设备开发制造的朗讯科技和 NCR，只保留了通信服务业务。2000 年后，AT&T 又先后出售了无线通信，有线电视和宽带通信部门。2005 年，原"小贝尔"之一的西南贝尔对 AT&T 兼并，合并后的企业继承了 AT&T 的名称。

2005 年，新 AT&T 启用了新的 AT&T 标志。全新的环球图案增加了透明度，体现出新 AT&T 清晰的愿景，而 AT&T 的字体用小写字母，显示出更为亲切、平易近人的形象。新标志仍以蓝色为主，因为 SBC 和 AT&T 的品牌均以蓝色为主色调。

图 3-54 澳大利亚国际航空 QANTAS 标志

国际航空标志，由 Lunn 设计团队 (Lunn Design Group) 设计，1984 年作品。

原来的 Qantas（昆士兰及北部航空服务）的袋鼠标志，是从澳大利亚人那里用一元钱买来的，设计师 Gert Sellheim 设计的带翅膀的袋鼠标志自 1946 年开始使用以来，一直沿用了将近 40 年，一直到 1984 年的这个新标志被 Tony Lunn 设计出来为止。

标志的具象表现形式客观地再现了自然形象，是高度精炼的客观事物，表达及传递企业形象、企业经营理念、产品特质等的设计表现形式。具象型表现形式的标志可以分为以下五种：自然物造型、人物造型、动物造型、植物造型、器物造型。

3.3.1.1 自然物造型的标志

以太阳、星星、山、水、火等客观存在的自然物而构成的标志为自然物造型的标志。

GV 公司标志

飞利浦标志

AEROSTAR 公司标志

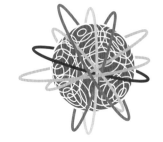

WebCom™

WEBCOM 公司标志

TOURSIM DURBAN 标志

EUROSPORT 公司标志

SUBARU 公司标志

平安保险标志

AGENCIA 公司标志

evian

EVIAN 公司标志

STAR 公司标志

上海银行标志

图 3-55 自然造型的标志

3.3.1.2 人体造型的标志

以人体形态或眼睛、鼻子、嘴、手等人体器官所组成的标志为人体造型标志。

ESTORAFONES 标志

MICROTEK 标志

SPORTS COACH UK

KFC 标志

QUAKER 标志

SPORT ENGLAND 标志

IOMEGA 标志

AFRICAN MERCHANT BANK 标志

SODA STEREO LANGUIS 标志

SDISC 标志

IOMEGA 标志

HR-SOFT 标志

图 3-56 人体造型的标志

3.3.1.3 动物造型的标志

　　动物造型是一种非常古老的标志题材，早在远古时代人类就把动物作为图腾崇拜的标志。以各种动物的造型经过精简、升华而构成的标志为动物造型的标志。

RED BULL 标志

EMULE 标志

AIR CHINA 标志

AUSTRALIAN AIRLINES 标志

ANIMAL PLANET 标志

GATO DJ 标志

AKVA 标志

JAPAN AIRLINES 标志

HERON THE CORAL ISLAND 标志

THE GREEN TURTLE 标志

PUMA 标志

HELLFISH 标志

图 3-57 动物造型的标志

3.3.1.4 植物造型的标志

　　植物造型的标志是以自然界中各种植物为元素构合而成的。

BARDEN HOMES 标志

RODNIKOVY KRAY 标志

CIGNA 标志

CANADIAN TOURISM COMMISSION 标志

CORONA 标志

ADIDAS 标志

MERCADO DE CAMPOS 标志

NEBLINA FOREST 标志

MORRISON MANAGEMENT SPECIALISTS 标志

MARY KAY COSMETICS 标志

1OACKER REMEDIA 标志

EUROMASTER 标志

图 3-58 植物造型的标志

3.3.1.5 器物造型的标志

器物涉及的范围很广、种类繁多，大至交通工具、建筑物，小至螺丝钉、电子元件等。它是各种用具的总称。以器物为素材构成的标志为器物造型的标志，这类标志简洁，能被消费大众快速认识并接受。

CENTURY 21 NEW 标志

OSCAR 标志

TROY TROJANS 标志

KPN TELECOM 标志

HONG KONG TOURIST ASSOCIATION 标志

AMF 标志

KEY BANK 标志

GRAMMY 标志

CORELDRAW 标志

IMPERIAL 标志

VOLLEYBALL 标志

BUICK 标志

图 3-59 器物造型的标志

3.3.2 抽象型表现形式的标志

图 3-60 奥迪 AUDI 标志

奥迪轿车的标志为四个圆环，代表着合并前的四家公司。这些公司曾经是自行车、摩托车及小客车的生产厂家。四家公司合并成奥迪，因此每一环都是其中一个公司的象征。

图 3-61 日本 NISSAN 标志

"NISSAN"是日语"日产"两个字的拼音形式，是日产产业的简称，其含义是"以人和汽车的明天为目标"。其图形商标是将 NISSAN 放在一个火红的太阳上，简明扼要地表明了公司的名称，突出了所在国家的形象，这在汽车商标文化中独树一帜。

图 3-62 日本三菱 MITSUBISHI 标志

三菱的标志是岩崎家族的家族标志"三段菱"和土佐藩主山内家族的家族标志"三柏菱"的结合，后来逐渐演变成今天的三菱标志，于明治 43 年（1910 年）以现在的形式用于三菱合资公司的英文版营业指南书上。

三菱的三个菱形标志原为九十九商会的船旗志，这是 19 世纪 70 年代的一家轮船公司，现在，这个标志是三菱集团各公司职工自豪的象征。并且，对世界各地的顾客来说，这个标志是产品维修保养、质量和服务的保证。

图 3-63 美国 REEBOK 标志

自 1895 年，约瑟夫福斯特（Joseph Willwam Foster） 创造出享誉世界的第一双钉鞋开始，Reebok 一直在众多运动品牌中轻盈而稳健地纵情奔跑！

2005 年，锐步将其全球的品牌标识，由原来的"Reebok"改成了缩写的"RBK"形式，并在全球推出了"I AM WHAT I AM"的积极宣言。全新黑底白色的 RBK 标志，干净简洁而充满动感，正是全球化品牌推广现代、简约的新潮流。锐步更强调对于美国现今流行的街头文化（包括街球、街头音乐、街头艺术）的认可。全新宣言，为传统的运动品牌 RBK 注入了新的内涵。它鼓励年轻人用满满的自信去坚持自我的独立，用清醒的认识去决定自己的未来。

图 3-64 英国制药及保健产品生产商 GLAXO SMITH KLINE 标志

英国制药及保健产品生产商标志， 由 FutureBrand 设计，2001 年作品。

两 个 制 药 巨 人 GlaxoWellcome 和 SmithKlineBeecham 的合并需要一个新标志来吸引消费者和专业营销商，而且不能威胁集团业已存在的成功的商品商标。这个蛋形的小写字母显示出一个公司想要极力表达的其对人们健康的高度关注。

图 3-65 美国国际航空 UNITED AIRLINES 标志

美国国际航空公司标志，由 Saul Bass & Associates 工作室 1973 年设计，Pentagram 1997 年修改，Fallon Worldwide 2004 年再修改。

经过多年来对标志的修修补补——加上"Airlines"再把它去掉，加上衬线然后再去掉——联合航空终于在 Saul Bass 的"双U"标志上固定下来了。

Deutsche Bank

图 3-66 德国 DEUTSCHE BANK 标志

德国金融服务供应商标志，由 Stankowski & Duschek 工作室设计，1974 年作品。

做为一个代表银行的企业标志，一个足以代表西方资本主义的标志，德意志银行的标志是 Anton Stankowski 这位对德国工业的形象有着至高无上影响的设计师最广为人知的作品。20 世纪 20 和 30 年代，Stankowski 的设计、绘画和摄影作品受结构主义艺术影响巨大。从 50 年代开始，他把创意和设计过程中的简洁性和客观性原则转化为现在为人熟知的商业艺术，他为客户设计了大量的令人记忆深刻的标志，比如 Viessmann，DeutscheBorse 和 SEL 等公司的标志。正方形在构成派中占有特殊的位置，Stankowski 认为标志设计可以体现它绝佳的视觉比例特点，即符号的简洁性、中立性和对称性。1972 年，他是受委托为德意志银行设计新标志的八名设计师之一。他的"中间有斜线的正方形"的标志，代表了利润在安全环境下持续增长。

以抽象的图形符号来表达标志的含义，传达着企业的形象。抽象型表现形式的企业标志大多借助于点、线、面、体来构成造型简洁、个性强烈、意境含蓄、构思巧妙的造型。抽象图形的标志不需要文字说明，仅以本身的艺术性去吸引消费者。

在标志的设计过程中，我们应用理性的思维来推敲标志中各个构成要素之间的关系，使其在变化中求得统一，在统一中寻求变化。抽象型表现形式的标志可分为几何型标志、方向型指意性标志。

3.3.2.1 几何型标志

几何图形是指以点、线、面为主体构成的基本型。图形的基本单位是点，它的连接可产生线；线的旋转、位移可形成不同的面；点、线、面是相对的概念，它们必须通过相互比较才能表现出各种形态。

三角形、矩形、多边形、圆形等几何图形经过不同解构组合，可形成多种新的几何形态。不同的几何图形还可以按一定方向、角度、比例进行渐变、回旋、放

ALLIANZ 标志

CHEVROLET 标志

CADILLAC 标志

ANDERSON & VREELAND 标志

LOGITECH 标志

EUROP ASSISTANCE 标志

SCITEX 标志

ALPHA HOME CARE 标志

NIPPON LIFE INSURANCE 标志

TDK ELECTRONICS 标志

SILICON GRAPHICS 标志

ALCOA 标志

图 3-67 几何形标志

射等，可组合成无数有规律条理的标志，产生一定的韵律美感。

3.3.2.2 指意性标志

指意性标志有多种组合方式，但带有方向型的箭头是其基本特征。其延伸意是指向或朝向。在特定空间中箭头的角度不同，方向不同，其本身指意性也就不同。

NEW BEWAN LOGO 标志

BOEING 标志

国美电器标志

CITROEN 标志

东风标志

MIDLAND REC 标志

MOTOROLA 标志

INCORP INTERIOR DESIGNS 标志

EAST 标志

SUBWAY 标志

DUNLOP TIRES 标志

IN N OUT BURGER 标志

图 3-68 指意性标志

3.3.3 文字型表现形式的标志

图 3-69 加拿大铁路 CN 标志

加拿大铁路标志，由 Allan Fleming 设计，1960 年作品。

最经久和最受人们喜爱的标志是那些不用更新的标志；它们看起来永远不会失去生机与活力。加拿大国家铁路的标志是永恒的。这个公司邀请当时年仅 30 岁的 Allan Fleming 来设计它的新标志时，旧标志似乎已经过时了。设计师竭尽全力地避免文化符号的出现，因为这样很快就会泄漏公司的年龄。他说："一个在 1944 年做出的文字符号——即使是一片树叶，在 1954 年看来也能看出是在 1944 年前画的。"为了呈现这个具有前瞻性的形象，他设计出了最能经受时间考验的标志。受基督十字架和古埃及生命符号的启发，Fleming 把精力集中到了简单的粗线条上。经过无数次尝试之后，他终于在飞往纽约的飞机的餐巾纸上画出了最后的流动字体标志。这流动的线条代表"人、动物和信息的点对点的运动"。这一创意很快被采用。不到一年，媒体专家 Marshall Mcluhan 就宣称这个标志简直就是"一个圣像"。

图 3-70 美国 3M 标志

美国 3M 公司标志，由 Siegel & Gale 工作室设计，1977 年作品。

这个标志是没有时间性限制的可视化简洁与最多样化经济体的联合。"3M"来源于这个集团最初的名字：明尼苏达矿业及制造公司（Minnesota Mining & Manufacturing Company）。

 Bayer HealthCare

图 3-71 德国制药及化学品公司 BAYER 标志

德国制药及化学品公司标志，由拜耳公司设计，1904 年作品，Claus koch 企业沟通公司（Claus Koch Corporate Communications）于 2002 年修改。

拜耳的十字架标志属于那种很少变化的标志，如果不算那种偶尔的小改动。连拜耳公司自己也不知道这个标志的原创者是谁。可能的作者有两个：一个是 Hans Schneider，他 1900 年的时候在科技部工作，有记录说他在一天开会的时候画下了标志的草图；另一个是纽约办公室的 Schweizer 博士，他想用一个显眼的标志来辅助他的市场营销活动。不管哪个版本是真的，这个标志在 1904 年的时候被注册，1910 年开始作为高品质和一体化的标志出现在拜耳的药片上。1929 年，标志再次经过现代化改良，成为现在看到的样子；1933 年，放大到 72 米的由 2200 个灯泡（世界上最大的照明标志）组成的拜耳标志被悬挂在两个烟囱之间，照亮了 Leverkusen 城。1939 年的宵禁宣告这个照明标志的死亡，但是一个新的 51 米高的十字架在 1951 年被树立起来，照亮了天际，这个标志最近一次修改时添加颜色——绿色和蓝色——这也是历史上第一次被修改，给它增加了三维效果。

BOSCH

图 3-72 德国 BOSCH 标志

德国工业及消费产品集团标志，由 Bosch 公司设计，1926 年作品，由 United Designers 修改于 2004 年。

以"Bosch 磁点火配件"为基础设计的抽象图形标志是为了宣传公司的汽车修理中心，这个标志首先使用于 1926 年。后来 United Designers 对这个标志进行了改进，进而为"Bosch 通讯"革新后的新标志提供了基础。

图 3-73 英国消费产品 UNILEVER 标志

英国消费产品集团标志，由 Wolff Olins 设计，2004 年作品。

这个新标志用于支持集团的新任务："给生命增添活力。"公司在发布这个标志时说，"这个标志讲述了有关 Unilever 和活力的故事"。它包含 25 个类似图标一样的插图，代表了 Unilever 及旗下的品牌：勺子代表餐饮业，衬衫象征着干洗业，蜜蜂代表勤勉工作和生物多样性，诸如此类。

PIRELLI

图 3-74 意大利工业 PIRELLI 标志

意大利工业集团标志，由 Pirelli 设计，1908 年作品。

一个显眼的拉长的字母"P"是这个坐落于米兰的公司标志的

亮点，这个公司以生产轮胎和电线起家，现在已经进军金融业，摄像器材及新材料领域。

图 3-75 西班牙汽车制造商 SEAT 标志

西班牙汽车制造商标志，由 Enterprise IG 设计。

该公司作为菲亚特的附属公司，建立于 1950 年，Seat 公司现属于大众集团。字母缩写"Seat"代表 Sociedad Espanola de Turismo（西班牙旅游汽车公司）。在大众旗下，Seat 进行了现代改革并开始进军国际市场。被线条分割的字母"S"标志以该公司原名的首字母为基础设计。

VOLVO

图 3-76 瑞典 VOLVO 标志

在亚洲地区也译为"富豪"，商标"VOLVO"由图标和文字商标两部分组成。

其图形商标画成车轮形状，并有指向右上方的箭头。箭头金属圈代表了古罗马战神玛尔斯，同时也是瑞典钢铁工业的象征。文字商标"VOLVO"为拉丁语，是滚滚向前的意思，寓意着沃尔沃汽车的车轮滚滚向前和公司兴旺发达，前途无量。

NASA

图 3-77 美国国家航空航天局 NASA 标志

美国国家航空航天局的缩写，在中国大陆又被译作"美国宇航局"，台湾译作"美国国家航空暨太空总署"，港澳台同胞又常译作"美国太空总署"或"美国航太总署"。

NASA 是美国联邦政府的一个政府机构，负责美国的太空计划。

文字型表现形式的标志借助人们熟悉的文字来表现企业的形象，诉求企业的内容。一种特定的字体能代表一个特定的行业、企业或产品，如这种联系是由视觉形象的类比性或相似性而产生的，那这种文字就是一个有动机的符号。通常文字的这种性质是通过图形化而实现的。

3.3.3.1 汉字表现的标志

在古代时期的西方，绘画和书法是不相融通的，然而在东方，中国的书法与绘画是融为一体的，甚至相互转化。在中国、日本等东亚各国中，图形与文字相组合起来的设计形式较为容易被人们接受。文字与图形经过不断的调整使表音、表意的功能与字形相结合，这样使文字对企业理念的表达更加准确。

在汉字标志设计时，我们应注意选用的汉字能否代表企业的形象。汉字标志不应与其他标志相混淆，应具有较强的个性，避免影响企业的视觉识别性。汉字本身就是经历发展演变而成的图案，从商代的甲骨文到秦统一中国后的小篆都符合图案的构成原则。我国传统书法中的草书、行书、隶书、楷书等形式与现代设计手法相结合，设计出来的汉字标志则具有较强的民族特色。汉字标志还可以利用设计表现形式的不同，以简明扼要的设计手法，使消费者产生过目不忘的视觉效果。

邮政标志　　　　中国银行标志

AGUA DESIGN 标志

GURU CONSULTORES 标志

DAH SING BANK 标志

YANG SING 标志

TCL王牌

TCL 标志

乐百氏

乐百氏标志

图 3-78 汉字表现的标志

3.3.3.2 拉丁字母标志

国内外的企业标志中，大量运用到拉丁字母，它是国际通用的文字字母。拉丁字母标志构成形式繁多，字体构形简洁，可塑性强。以拉丁字母构成的标志往往采用产品或企业的第一个字母、全称字母缩写或全称为设计的母体，有单个字母型、两个字母相连型、三个字母相连型、多个字母型等多种构成形式。

BICESTER COMPUTERS 标志

ENERGIZER CORP 标志

ORAL B 标志

HEWLETT-PACKARD INVENT 标志

1UIS 标志

POST 标志

AGFA 标志

DOLE 标志

TISSOT WATCHES 标志

ROCA 标志

JBL 标志

SEGA 标志

图 3-79 拉丁字母标志

3.3.3.3 数字标志

随着世界各地文化交流逐渐加强，各种演出、会议、展览、运动会以及其他各种节目等活动，大多以明确的数字造型来表现其特征、主张和性质等。带有时间和数量特征的标志已屡见不鲜，消费者对数字标志感受的敏锐度很高，这是因为数字是没有地域障碍、语言阻隔的，较图形语言更为直观，因而数字标志能给予消费者更深的视觉印象。

数字标志在设计过程中应注重艺术化的图形处理，使标志生动且与时俱进。数字标志随着在设计各个方面的展现，受到了越来越多的设计者们的关注。

20TH TELEVISION 标志

1 ARD 标志

TV DANMARK 标志

9 TV 标志

3 标志

7 ELEVEN 标志

7UP DIET 标志

8TV 标志

SBS 6 标志

5 LA CINQ 标志

图 3-80 数字标志

8LONG 标志

GULIPIN COMPUTER 标志

3.4 企业标志的设计技法

企业标志以简洁、单纯、精炼的视觉形象传达着企业的理念、产品特质。它是企业向消费大众传达企业信息最简洁有效的传播符号。企业标志是一种超浓缩的图形设计，它应具备统一稳定、简练、明确的视觉效果。企业标志应遵循对称、对比、反复、和谐等设计法则来进行设计。

3.4.1 对称

对称是构成图案形式美的最基本法则，也是图案获得均衡的基本结构形式，例如，我们的身体、自然界中的动物、植物等大多都是对称的，对称是生物体结构的一种规律性表现方式，也是人类最早掌握的形式美，对称还是几千年历史文明所创造出来的构图形式。

由于对称形式能使消费者在心理上感到稳定和舒服，所以中国部分金融行业企业标志采用对称形式来设计，要求有严格的中轴线，中轴线本身有垂直、水平、倾斜、旋转等变化。标志的对称形式有旋转对称、左右对称、辐射对称三种形式。左右对称是指一个图形按其一侧的折线旋转180°或镜像反射所形成的状态。辐射对称应具有三个以上的对称轴，当各对称轴以角为中心向周围辐射状态分布时，如果对称轴上单元至中心点的距离相同即为辐射对称。旋转对称是指一个物体围绕一个点旋转某个角度后，能与原先的图形重合。

GREAT WALL CARS 标志

PONTIAC 标志

PHOENIX SATELLITE TV 标志

SUN MICROSYS 标志

TUPER 标志

COLUMBIA 标志

图 3-81 对称

ACURA 标志

XPEDIOR 标志

EYEWIRE 标志

BENTLEY 标志

UMBRO 标志

OMEGA 标志

3.4.2 反复

标志的反复设计形式是指相同或相似的造型要素重复出现在一个标志设计当中。反复产生于各种物象的生长、运动的规律之中，标志有条件的反复可产生节奏感，具有秩序美和韵律美。企业标志设计应用反复的形式容易被消费大众所记忆、识别，使人一目了然增强记忆效果，标志反复的设计形式可分为单纯的反复和变化的反复。所谓单纯的反复指的是某一造型要素简单的反复出现。变化的反复则是指一些造型要素在平面上采用不同的间隔形式、不同的色彩的表现而产生节奏感和韵律美。

标志在应用反复形式来进行设计时要注意一下几点：

一是基本形要高度简洁；二是基本形组合的可能性，即形与形之间具有一定的关联；三是基本形结构要有一定的形式美感；四是基本形的组合要完整。反复标志的反复设计是一种以多取胜的设计方法，在设计时要注重体现反复中的变化，避免出现单调和空旷的视觉效果。

MOEN 标志

EUROSPORT 标志

PARMALAT 标志

KOLON 标志

TELECOM EL SALVADOR 标志

WOOLMARK INTERIORS 标志

TREJDEVINI_LTD 标志

MULTICANAL 标志

DOPOD 标志

SILICON GRAPHICS 标志

YONEX 标志

VIVA TV 标志

图 3-82 反复

3.4.3 对比

　　对比是把两种或两种以上的物形相互比较、对照。标志设计中对比形式法则是把点、线、面、体的大小、位置、方向、空间、色彩等某一造型要素中差异较大的部分组合在一起，加以对照，相互衬托，使其突出各自的特征。

　　对比是艺术的灵魂，在艺术创作过程中不能没有对比。对比只是标志设计的手段而不是目的，它是图形语言和艺术语言的组成部分。过度的对比会造成视觉的生硬、狂躁、不安定及过度刺激的感受，因而我们要用适当的调和的方法来进行对比。在标志设计中对比与调和两种方法在同时运用时，要以对比为主、调和为辅，平均对待两种方法则会造成主次不清晰的视觉感觉。

3.4.3.1 面积对比

　　标志设计中各个部分的面积大小是视觉表现中不可忽略的因素之一。当企业标志有两个或两个以上部分构成时，图形的面积及色彩搭配须有主次之分。标志设计中的面积对比在文字、图形、色彩的搭配上显得尤为突出。无论进行怎样的搭配设计，企业标志都应保持主题的鲜明和整体效果的完整性。

TECHNOART 标志

LAYS 标志

EDAO 标志

MINISTERIO DEL PODER POPULAR
pARA EL DEPORTE 标志

ALESCO 标志

SURIA KLCC 标志

MOSCOVIYA TV 标志

MAESTRO CARD 标志

MANORAMA NEWS 标志

TELEMIG CELULAR 标志

DIABLITO 标志

SIGAL 标志

图 3-83 面积对比

3.4.3.2 正负图形的对比

　　企业标志要求简洁明了，正负图形的对比就是通过正形与负形的相互衬托、补充，表现出相互独立、形中有形的视觉效果。正负反转图形具有很强的形式美感，同时还营造了一种巧妙的空间变幻效果，使视觉传达对象产生奇妙的、不可思议的感觉。企业标志应用正负形的对比技法进行设计，能带给消费大众比较强的视觉冲击，让人产生好奇感，耐人寻味。

TELE 标志

V2 MUSIC 标志

THE WB TELEVISION NETWORK

INMETRO 标志

OZ PLAN 标志

MTV 标志

GATEWAY 标志

A-ONE 标志

ZEVIO BASKET 标志

FIABANK 标志

VOLINSKY DESENATOR 标志

CBS 42 标志

图 3-84 正负图形的对比

3.4.4 和谐

标志的对比设计技法是强调图形间的差异性，而和谐设计技法是通过一定的艺术手段把标志对比的各个部分有机地结合在一起，使其彼此调和，使企业标志产生统一的视觉效果，企业标志的和谐设计恰恰与对比的设计技法相反，它是在差异中趋向统一。

USB 标志

PLDT PORT 标志

PALETERIA LA MICHOACANA 标志

PHOTOSHOP ROMANIA 标志

NATIONAL TV 标志

VERRIJKT EVENTS 标志

JAZAM 标志

SRI LANKAN AIRLINES 标志

SONY COMPUTER ENTERTAINMENT 标志

RCS EXPRESS 标志

HUGMYNDABANKI HEIMILANNA 标志

NOM 标志

图 3-85 和谐

3.4.5 渐变

标志设计的渐变技法具有明显的规律性和导向性，是设计元素在数量上增加或减少。由于渐变的设计技法趋于和谐优美，这一造型技法在早期的标志设计中常出现，渐变是在对比的基础上产生的，是一种有规律的量的变化。

渐变有两种表现形式，重复变化和逻辑变化。重复的变化是指基本图形的递增或递减，体现标志最单纯的节奏。逻辑变化是指从一个基本图形缓慢地过渡到另一个基本图形。

标志的渐变设计技法主要是依靠图形距离、色彩、大小等关系之间有规律的变化而形成的，渐变本身不仅能产生韵律美和节奏感，同时它还能将两种本质不同的物形有机地结合在一起。

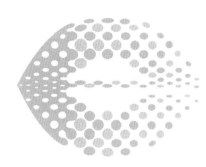

EUROVISION SONG CONTEST 1990 标志

HEALTH_COUNCIL ON OSTEOPOROSIS
标志

SERMA 标志

PPC 标志

METROPOLIS INTERCOM 标志

INDUSTRY SCIENCE RESOURCES 标志

R-STYLE COMPUTERS 标志

RESTAURANT DE LA PETITE
ALLEMAGNE 标志

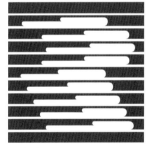

R-STYLE 标志

FRANCE TELEVISIONS 标志

STRELEC_RESTORANT 标志

OK COMPUTERS 标志

图 3-86 渐变

3.4.6 突破

突破是为了夸张图形或文字的某一部分，有意识地将其分布在轮廓线外侧，这样使标志更加生动活泼引人注目。在突破中标志的底是有一定的形状和大小，其形状可以变化为各种形态，如自然形、几何形及各种有机形态。标志的底的形状，在设计中是一种装饰，它也使其主题共有了一定的范围。在一定条件下，当图突破底的形状局限时往往会给标志带来生机，使主题特征更加明确突出。

IMMO CITY 标志

KIJKWIJZER 标志

KAROEVENTS 标志

FAST 标志

TNT 标志

INVESTBANK 标志

SANYO 标志

GALLS 标志

TVA 标志

MOREIRA AND EPIFANIO 标志

TELSTRA 标志

PROCTOR GAMBLE 标志

图 3-87 突破

3.4.7 立体

立体标志是通过点、线、面形成的具有实际空间感的实体。在标志设计中立体形式通过透视、借用共同面等方法，在二维空间内创造出三维空间感的立体效果。

在企业标志中往往通过波纹、点群、线段等构成方式来产生律动感、旋律感、凸凹感及反转实体等的立体空间效果，使消费者对二维平面的标志产生好奇感。

3.4.7.1 利用结构线产生立体感

准确地勾勒出物体的结构线，不利用其自身投影，亦能展示出物体强烈的立体视觉感受。

IAG 标志

TURKIYE KALKINMA BANKASI 标志

SEVEN SPORT 标志

wINDOWS 标志

P&O 标志

HEALTH FUND 标志

T-CUBED 标志

FIRST CITIZENS BANK 标志

FLORIDA CHILDREN S HOSPITAL 标志

REB 标志

NETWEAVER 标志

ZIRAAT BANKASI 标志

图 3-88 利用结构线产生立体感

3.4.7.2 利用投影所产生的立体感

投影是标志立体形式较为常用的手法，是人们最能感受到标志立体空间的方法之一。投影除了能够直观地表现出标志的立体感外，同时也可将其主要面的形态用实际的形状及尺寸表示出来。

iTAKI DESIGN STUDIO 标志

ICSEL 标志

ROLLING STONES 标志

TRILLION 标志

SATMEETING 标志

AUDIOVISUALES 标志

EUROVISION SONG CONTEST 标志

INVENTOS 标志

XEROX 标志

VITELSA 标志

ARCHOSE SYSTEMS 标志

VAPEKO 标志

图 3-89 利用投影所产生的立体感

3.4.7.3 利用透视所产生的立体感

依据光学、几何学等原理，在二维平面中把形体及结构按照人的感觉所表现出来的方法称为标志的立体透视形式。标志的透视法能够满足消费者的视觉需求，它可将物体直观地表现出来，但无法体现出物体的实际尺寸。

TURK CREATIVE 标志

BIORASIN TV 标志

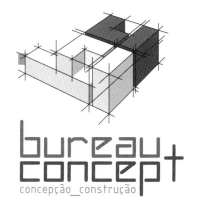

BUREAU CONCEPT 标志

TELE 标志

BADENOVA 标志

SPORTS MONTREAL OLYMPIC 标志

PROSPERBANK 标志

CLASSIC PHONE 标志

JNF TRAVEL AND TOURS 标志

CYNEOS 标志

TROY LEE DESIGNS 标志

MUSCLEFIRE COM 标志

图 3-90 利用透视所产生的立体感

3.4.8 变异

变异是标志一种局部变化的自由构成，使其具有一种特别吸引人的艺术效果。变异是对比的一种特殊形式，是通过局部的自由变化与全局的规律性构成之间的对比来凸显出变异的部分。

标志的变异设计形式其实是一种突变的过程。它能给消费者带来意外的惊喜，从而造成心理上、精神上、视觉上最大的紧张感。

变异一般分为三种形式：同一造型要素在大小、位置、色彩、方向、形状、质感等方面产生的变异；一种造型要素置换为另一造型要素，但其新的造型要素必须要和所要展现的事物有着内在的联系的变异；各种造型要素同时发生大小、形状、色彩、位置、空间、质感等的变异。

LOCADORA FLUMINENSE 标志

MARVEL 标志

XXP 标志

ID VISUAL 标志

TELETELL 标志

TV JOJ 标志

ABS CBN NEWS CHANNEL 标志

RTL 标志

RTL PROSIEBEN SCHWEIZ 标志

DAI-ICHI HOKI 标志

NBZ COMPUTERS 标志

MARKETDENTAL 标志

图 3-91 变异

3.4.9 排列

排列的基本方法有间隔排列、交替排列、重复排列三种形式。在排列中存在着一些变化的因素，例如大小的变化、方向的变化、位置的变化、疏密的变化等，而这些变化使得标志的韵律感增强，节奏变化多样，视觉效果趋于丰富。在标志以排列求取节奏时，这些被排列的对象应具有一定的数量，量未达到一定数额时，则很难产生强烈的节奏感。

AUDIONAUTICA 标志

MAYORAZGO HOTEL 标志

ERT DIGITAL 标志

DIXTONE 标志

RIO 标志

ORAFTIGROUP 标志

MASTER HOTELS 标志

VILLARO

IV WORLD CHAMPIONSHIP BOATANGLING YOUTH U-21 标志

图 3-92 排列

3.4.10 折带

折带是以条带为造型素材在平面或立体空间中采用软折或硬折的方法来塑造出企业的标志，折带方法造型取材简单、简明扼要，具有较强的装饰效果。

企业标志设计的形式法则并非是单一的，一般情况而言标志中所出现的形式法则至少是两种至三种相结合。正是因为多变的形式，才使标志显得既富于变化又趋于完整统一。当然标志的设计法则并不是一成不变的，所以

标志的设计形式应推陈出新，只有灵活地运用这些设计法则才能设计出高水平的企业标志，使企业在激烈的市场竞争中赢得消费大众、企业员工及公司股东等的信赖。

BOTTOMLESS INK 标志

WHITE PINE 标志

AIR SUPPLY 标志

ZENA 标志

ALJAZEERA 标志

NATIONAL BREAST CANCER FOUNDATION 标志

GOOD SAMARITAN REGIONAL MEDICAL CENTER 标志

GAZPROMBANK 标志

cAMPSA 标志

HILTON IZMIR ISTANBUL 标志

图 3-93 折带

PRIORITY TELECOM 标志

GENERIS 标志

3.5 企业标志的设计常识

标志最基本作用是表达企业的理念、经营的内容、产品的特质，这是现代企业标志的设计核心。设计者必须要通过最简练、视觉最佳的元素来进行编排，使标志达到信息传达的目的，消费者才能在视觉及心理上产生特定的感受与联想。

3.5.1 通俗易懂、简明扼要

通俗性是标志便于识别、易于记忆的重要因素，企业标志具有这样的特征才能被公众所认同。企业首先要有一个通俗响亮的好名称，以此为基础进行具体的图形设计，使标志具有讲得出、听得进、记得住、传播开的特点。因此企业标志的设计要追求名称响亮、动听、顺耳，造型简洁、易于识别的特点。无论从听觉和视觉上，标志都应具有通俗易懂简明扼要的特性。

CHANNEL V 标志

YAHOO 标志

ACER COMPUTER 标志

图 3-94 通俗易懂、简明扼要的标志

WACOM 标志

TEVA 标志

SAMSONITE 标志

Tiger Beer

TIGER BEER 标志

cingular
raising the bar

CINGULAR WIRELESS 标志

MALAYSIA AIRLINES 标志

BRAVO

BRAVO 标志

AIRBUS INDUSTRIE

AIRBUS INDST 标志

3.5.2 易于制作和展示

标志设计对其后期的制作要求应是用材广泛，制作简便。这是由于标志的功能和它所需要的在不同载体环境展示宣传的特点所决定的。初期的标志设计往往被误认为是基本图形的大小的缩放过程，至于制作的工艺、材料的应用、摆设的环境等没有在设计中进行考虑，设计者认为这是制作厂商的事，因此给企业在制作环节带来很大的不便。使企业的形象不能很好的展现。而现在的标志设计应该以使用的环境具体的施工内容为前提，充分考虑标志的延展性。这样可使企业的形象得到统一，为企业在制作标志的过程中节约制作成本（图3-95）。

3.5.3 新颖独特过目不忘

独特的个性是企业标志设计最基本的要求。"标新立异"是标志设计者所追求的，要创造出与众不同、新颖独特的标志来被消费群众所认知记忆。

企业标志设计最基本的要求是能区别于其他的现有标志，具有新颖、主动、个性的识别特点，这也是标志设计者不可推卸的责任（图3-96）。

3.5.4 时代性与持久性

企业的标志就是企业的形象，企业的形象是其产生附加值的重要因素，企业的标志一经确立就不能轻易更改。企业标志是 VI 设计的核心，是发展所有视觉要素的基石，因此在标志设计过程中，应尽量避免使用一时流行的字体或图案。所有的事情都是相对的。瞬息万变的时代和急速发展的社

JR HOTEL GROUP 标志

SWISSLIFE 标志

CHEVY BOW 标志

BRASIL TELECOM 标志

SOUTHERN COMPANY 标志

TV METROPOLE 标志

TIDE 标志

NOVA TV 标志

TECLA FORMACAO PROFISSIONAL 标志

RADO 标志

NORTHWESTEL 标志

sporza

SPORZA 标志

COMSOFT SOLUTIONS 标志

MG AUTOMOBILES 标志

SILVER STAR 标志

图 3-95 易于制作和展示的标志

会，要求企业标志必须适应发展。一种方法是抛弃陈旧的标志，而采用重新设计的形象，但这种方法可能要付出较大的经济代价；另一种方法是对企业原有的享有信誉的标志在已有的基础上做出改进，逐步改进和完善设计，保持原有标志的形式、精神特质或部分形象，兼顾消费者对企业的认同感和信赖度，同时适应时代的发展，使其更加完美，便于识别，让消费大众在不知不觉中接受企业新的形象。因而我们对企业的标志进行再次修改时应根据企业的发展要求和时代变化，省时省事进行设计，使其具备现代化、国际化的特征，并具有相对的稳定性和持久性（图 3-97）。

MINNESOTA SWARM 标志

SOFTTEK 标志

ACCORHOTEL 标志

AVELEIJN 标志

OKDOK 标志

INTENSO OFFSET 标志

INCOMEX TELECOMMUNICATIONS 标志

图 3-96 新颖独特过目不忘

DA DROGIST 标志

ILJA VORMGEVING 标志

SONG 标志

SLOVENIA INVIGORATES 标志

THE DICE REBELS 标志

DTV NEFTENBACH 标志

SPORT CANADA 标志

FORTIS ASR 标志

VINTAGE 标志

CARDIOLOGY ASSOCIATES OF WEST READING 标志

3.5.5 世界各国对标志设计中图形的禁忌

（1）国际上将三角形这一抽象概念作为危险、警惕性标记，所以忌用三角形作为出口商品的商标图形；捷克人忌用红色三角形作为商标图形，因为他们用红三角标志有毒的物品。土耳其人将有绿色三角图形标记的商品视为免费商品。

（2）法国人忌用核桃花作为商标图形，同时也忌用仙鹤作为商标图形。但仙鹤在中国自古以来都被视为吉祥如意、高雅飘逸，并与长寿、仙境灯联系在一起的美好形象，中国企业以仙鹤图形作为标志的也很多。在日本仙鹤图形同样受到欢迎，如日本航空公司的标志就是一只红色的仙鹤。

（3）印度人忌用仙鹤图形，因为在印度人的心目中，仙鹤是伪善者的形象。同时印度人也极忌讳棕榈树和报晓的雄鸡，但崇拜猴子。

（4）日本人忌用荷花作为商标图形，原因是日本人把荷花作为葬礼专用的花。但日本人从古到今都喜爱龟，因为日本人始终视龟为长寿的象征。

EA SPORTS 标志

CASIO 标志

AVON COSMETICS POLSKA 标志

ARISTON 标志

AMF

AMERICAN MACHINE 标志

PIZZAHUT 标志

WANADOO 标志

V6 DENTAL 标志

EUROCOMPUTERS 标志

BANKSERV 标志

图 3-97 时代性与持久性

MIZUNO 标志

PHONEDO NETWORKS 标志

CHERRY CARS 标志

AUTODESK 标志

STAR TELEVISION 标志

（5）在我国古代曾把龟视为长寿之物，古代的碑座、建筑中常有龟的图案，汉代瓦当中的玄武纹就是龟与蛇的形象，但发展到近代，龟的图案在标志设计中出现较少。

（6）中国人不喜欢猫头鹰，素有"夜猫子不进宅，无事不来"的俗话，在中国的一些地区，人们把猫头鹰视为不吉祥的鸟；马达加斯加人也把猫头鹰视为不祥之兆；而在西方国家，猫头鹰却被当作智慧的象征，在一些书籍展览的招贴设计中常能见到猫头鹰的形象。

（7）意大利人忌用菊花作为商标图形，因为意大利人把菊花作为葬礼专用的花，他们把菊花与死亡联系在一起。而中国人却非常喜欢菊花，从古至今不少文人墨客常爱以菊花为题，吟诗作画。中国人认为菊花是四君子之一，象征着人的品性，杭白菊又是消夏清凉的饮料，含有药性，与人们日常生活关系密切，因此以菊花为图形的标志屡见不鲜。在日本由于皇家顶饰上的图案饰菊花，因此菊花的地位也被提高了，而日本皇家用的十六瓣菊花的形象在商业上不宜采用。

（8）意大利人认为在广告形象中有修女的形象会使人感到非常不雅。

（9）英国人忌用象作为商标图形。

（10）美国人忌用珍贵动物作为商标图形，因为这会招致野生动物保护协会的抗议和抵制，同时他们也不喜欢看到不为人熟悉的古代神话人物出现在商标图形中。

（11）澳大利亚人不喜欢别国用袋鼠和树熊（考拉）作为商标图形，因为他们把使用这种图形视为本国的特权。

（12）在德国，类似纳粹党及其军队集团的商标或标志，在法律上是禁止使用的。特别要注意的是，佛教中的万字图形和纳粹党党徽极为相似，只是方向不同，最好不要应用在设计中。

（13）中国香港、韩国认为方、圆形带有积极的含义，而三角形是消极的代表。

（14）新加坡禁用宗教词句及宗教象征性标志。

（15）伊斯兰教国家忌用猪作为商标图形。

（16）北非的一些国家最忌用狗作为商标图形。

（17）在利比亚，猪的图像和女性人体的图像应避免使用。

（18）在尼日利亚，蓝、白、蓝平行条状图形应避免使用，因为这种造型类似该国国旗。由于三角形与该国家象征性标志有着密切关系，因而避免使用。

（19）在非洲和中东的许多国家，如沙特阿拉伯、阿拉伯联合酋长国、伊拉克、科威特、巴林、伊朗、卡塔尔、也门和阿曼，都要避免使用宗教象征的六角星、翘起的拇指以及《古兰经》中的词句，因为六角星是犹太人的象征。

（20）巴基斯坦对冒犯宗教文字或图片的商品广告是禁止的，猫、狗图片也要避免使用。

（21）摩洛哥非常反感六角形。

（22）埃及人把莲花和鳄鱼作为其图腾图形，它们被视为神圣不可侵犯的东西。

（23）在阿富汗，不但猪的图案不能使用，狗的图案也要避免使用。

（24）类似红五月、五角星、锤子和镰刀带有政治倾向的图形及宗教标志，要根据具体场合使用，最好避免用在商品出口上。

3.5.6 标志设计中应避免出现的缩写字母组合

（1）AD：在英国、美国工厂里面，这是最不吉利的缩写字母，意为工伤、死亡。

（2）LG：是劣等，低质量、下等标志。

（3）NE：意为无存款、资信程度不高。

（4）NL：意为污损。

（5）TB：与英语"肺结核病人"的缩写相同。

（6）WAF：意为不保证商品没毛病。

3.5.7 标志设计应遵循的有关法律

根据 2001 年 10 月 27 日第九届全国人民代表大会常务委员会第二十四次会议《关于修改（中华人民共和国商标法）的决定》第二次修正的《中华人名共和国商标法》规定，下列标志不得作为商标使用。

（1）同中华人民共和国的国家名称、国旗、国徽、军旗、勋章相同或者近似的，以及同中央国家机关所在地特定地点的名称或者标志性建筑物的名称、图形相同的；

（2）同外国的国家名称、国旗、国徽、军旗相同或者近似的，但该国政府同意的除外；

（3）同政府间国际组织的名称、旗帜、徽记相同或者近似的，但该经该组织同意或者不易误导公众的除外；

（4）与表明实施控制、予以保证的官方标志、检验印记相同或者近似的，但经授权除外；

（5）同"红十字"、"红新月"的名称、标志相同或近似的；

（6）带有民族歧视的；

（7）夸大宣传并带有欺骗性的；

（8）有害于社会主义道德风尚或者其他不良影响的。

3.6 企业标志的设计程序

标志是企业传播自身理念的最直观的视觉要素，这也是现代企业标志的设计核心。标志的图形创意应以企业的理念信息传播入手，以其功能的需求出发，设计师要明确企业要通过标志所表达的理念和内涵。标志设计中的好坏直接或间接地影响到企业的自身形象。因而进行标志设计过程中设计者都力求设计出形象简单、内涵丰富、理念明确的企业标志，以此作为企业在日益激烈的市场竞争中的利器。应如何创造出独特的标志，在标志设计过程中应遵循的程序是什么呢？

3.6.1 调查研究在先，设计标志在后

企业标志设计前的调查研究可包括以下几个方面：企业情况、产品情况、消费者情况。

3.6.1.1 关于企业的情况

(1) 企业的性质、规模、历史、地域环境；

(2) 企业的生产能力、设备、人员情况；

(3) 企业的远景规划、目标；

(4) 市场的占有率；

(5) 消费者对企业的信赖程度。

3.6.1.2 关于产品的情况

(1) 产品所销售对象的年龄、性别、学历；

(2) 同类产品的各种信息情况；

(3) 产品的用途、价格、特质及后期的制作；

(4) 产品销售的区域。

3.6.1.3 关于消费者的情况

消费者所处的地域、心理状态、所需阶层、消费水平、文化程度、宗教信仰、生活方式、风俗习惯等因素，设计者都要有所把握。

3.6.2 标志设计构思

标志的构思是一个展开全新创意的过程。设计者把前期调查和收集的资料进行整理、归纳，再通过艺术的手段进行加工、设计，在方寸间展现出企业的经营理念、产品特质等内容确实是一件非常棘手的工作。企业所有的特质都要通过其标志表现出来是不可能的，但每个方面都有可能成为设计者创意的出发点。

3.6.2.1 表征法

用企业、社团或其他事物的特征来设计其标志形象，这要求设计者充分把握和挖掘设计对象的重要特征。这种手法采取含蓄的方式。在设计过程中要仔细探究所表达的意念，避免晦涩引起的误解。运用表征法的标志一般使用抽象图形符号，表现力生动且让人印象深刻。

DISCOVERY CHANNEL 标志

VAZHNOYE DELO 标志

中国银行标志

DODGE RAM 标志

M & M 标志

SACIT PEMBE 标志

ALCATEL 标志

RAMALHO HOTEL 标志

DOHA 2006

ALITALIA AIRLINES 标志

INTEC TELECOM SYSTEMS 标志

HAIR DOCTOR 标志

图 3-98 表征法

3.6.2.2 表述法

表述法是运用标志直接了当地表述企业的理念、产品的特质、服务的宗旨等。使标志的主题容易被消费者所理解。应用此手法时，要考虑的是如何最大限度地表现企业品牌及理念。由于市场变化莫测，企业的产品常常随市场而更新，公司的重点也要随着改变，企业的标志可能很快显得陈旧过时。因此，运用表述法需要特别谨慎。象形性、图画性的标志使用此种方式较为多见。

TRAVEL TV 标志

VOLARE AIRLINES 标志

OUTOPOS 标志

ZOGGS 标志

VARNA CHAMBER OF TOURISM 标志

NOPALBEAT 标志

SKYCABLE 标志

SANDISK 标志

TELECOM_NEW_ZEALAND 标志

NASN 标志

REDPRO 标志

OZONE 标志

图 3-99 表述法

3.6.2.3 会意法

标志的会意法是借助图形从侧面表述或引申企业、产品的内容和性质。有些标志也会运用与行业无关的形象，甚至用简单的几何图形。会意法常用于服务性企业和社团标志设计，一些设计行业的标志设计也会用会意法。

运用会意法来设计企业的标志往往具有含蓄性，因而也存在一定的模糊性，改善此方法可通过其他媒介来大量的进行宣传，以弥补其不足。在运用会意法时应注意的是，对文化程度低的消费群体不宜采用此方法；当处理不当时容易削弱主旨，甚至产生负面效果。

WIESMANN 标志

KOLDIJK 标志

NORTH-WEST_CONSULTING 标志

PTT BANK 标志

BESKYDEK 标志

COPPER ROOM 标志

APAE-CAMPOS DO JORD 标志

COMFORT MIND 标志

FULL METAL ALCHEMIST CROSS 标志

MAXIMARKETING 标志

LONDON TOURIST BOARD AND CONVENTION BUREAU 标志

AVIA-ROMANDE 标志

图 3-100 会意法

3.6.3 标志的草图绘制

勾勒草图是把标志设计的抽象思维活动具体化的一个重要阶段，这要依据企业标志设计的识别性、审美性、稳定性、统一性、时代性等诸多设计原则发挥创意。在标志设计的初期，设计者最好能从具象表现、抽象表现、文字表现等各种思路出发描绘出大量的草图，从中筛选、深化，切忌一开始就把设计的重点局限在某一种表现方法中。初期的草图绘制常用手工来表现，手与脑的配合是任何手段代替不了的，手、脑的并用可以随心所欲。

3.6.3.1 标志的色彩应用

标志的色彩一般都以单色为主，有时根据其使用的范围和条件，也可使用套色，但一般情况而言不超过三种颜色。

色彩的运用能表达企业一定的含义和情感，因此标志设计中色彩的选择与形态的运用是同等重要的。在决定标志色彩时，同样也要经过调查研究，最好使用专色，使色彩与标志相配合，突出企业的内在性质和理念。

3.6.3.2 确定标志设计的题材

依照标志设计的主题、素材分类、大体可分为以下设计方向。

(1) 以企业或品牌名称为设计题材；

(2) 以企业或品牌名全称与首字组合为设计题材；

(3) 以企业或品牌名称的首字为设计题材；

(4) 以企业或品牌名全称、首字与图形组合为设计题材；

(5) 以企业经营的内容、理念及产品的性质为设计题材；

(6) 以企业或品牌的历史或地域环境为题材。

虽然企业标志设计的方向繁多，但不外乎表音符号和图形符号两大类。采用表音符号来进行设计，一般是企业规模庞大、产品市场占有率高或品牌知名度广，企业不需要借助于图案、造型来说明，就可赢得消费群体的视觉焦点；而图形标志是由抽象的符号和具象的图形来构成，它具有强烈的识别性、说明性与亲切感，具有较强的诉求力，往往是企业乐于采用的图形标志。

3.6.3.3 确定设计形象及构成原理

企业标志设计在具有了大量构思方向后，设计者可从中择取几个能充分说明企业理念、精神并能表达其发展方向的设计草图，进行深化作业。此时设计的重点是，确定企业标志设计的形象和构成原理。

3.6.4 标志的深化作业

从大量的标志设计草图中筛选出三至五个比较完整、满意的方案，进行广泛的意见征求。除了广泛征求同行的意见外，还可征求各职业、各年龄段、各层次消费群体等的意见，通过整合作出进一步的修整和完善。因而企业标志设计并非只为个别人设计，它所面对的是整个消费大众。从图形的完整性、比例结构、线条流畅、黑白关系等方面进行反复比较，最终确定一至两个最佳设计方案。

3.6.5 企业标志的精细化作业

企业的标志设计完成后，VI的核心也就正式诞生了。标志是

图 3-101 标志的深化作业

企业的象征图形，是发动所有视觉传达要素的核心，因此标志的精细化作业更显得不可或缺。

标志的使用范围非常广泛，其运用的领域大到十几米的户外广告，小至几厘米的名片，所以

设计者必须考虑到标志的适用范围。不正确的使用与任意的修改容易造成企业印象扩散的负面效果，以致社会大众产生误解。企业标志精细化作业重点如下。

3.6.5.1 标志尺寸的规定与缩小的对应

企业标志出现的频率与应用的范围较其他设计要素多而广，对于标志延展运用的细节，要予以严格的规定。

图 3-102 标志尺寸的规定与缩小的对应

3.6.5.2 标志的制图法

(1) 方格标示法：在正方格子线上配置标志，以说明线条的宽度、空间、位置等关系。

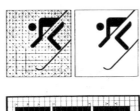
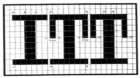
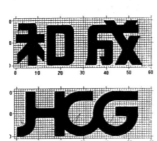

图 3-103 标志的方格示法

(2) 比例标示法：以图形整体尺寸作为标示各部分比例关系

的基础。

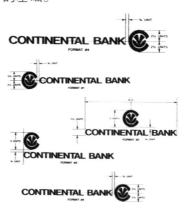

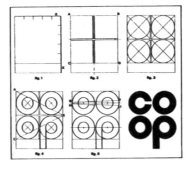

图 3-104 标志的比例示法

(3) 角度、圆弧标示法：为说明图形与线条的弧度与角度，以圆规量角器等工具标示出各种正确的位置，是辅助说明标志图形各部分关系的有效方法。

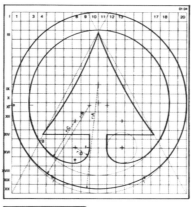

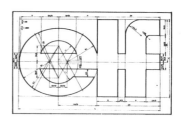
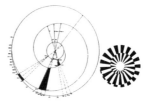

图 3-105 标志的角度、圆弧标示法

3.6.5.3 标志图形变体设计的规定

标志运用的领域非常广泛，但以印刷媒介的出现的频率居多。针对印刷设计的技术与成本的制约，标志图形的变体设计表现形式可有以下几种。

(1) 标志线条粗细变化的表现形式。

图 3-106 标志线条粗细变化的表现形式

(2) 标志正片与负片的表现形式。

图 3-107 标志正片与负片的表现形式

(3) 标志彩色与黑白的表现形式。

图 3-108 标志彩色与黑白的表现形式

3.6.5.4 企业标志与设计要素的组合规定

（1）标志与企业全称标准字的组合；

（2）标志与企业品牌名、标准字的组合；

（3）标志与企业品牌名及企业辅助图形的组合；

（4）标志与企业简称的组合；

（5）标志与企业英文名的组合；

（6）标志与企业口号、座右铭、宣传标语等的组合。

通过本章对企业标志内容的阐述我们得知标志在整个企业识别系统的 VI 设计中起着绝对的领导作用。视觉识别系统中的各个设计要素和应用要素均要围绕着企业标志来展开进行设计。

第 4 章 企业标准字

4.1 企业标准字的定义

企业标准字是指将某事物或团体的形象进行整理、组合成一个群体组合的字体。它是将企业的规模、性质与经营理念、精神，通过文字的可读性、说明性等明确化特性，表现在特定的字体之中以达到企业形象识别的目的。

企业标准字是视觉识别基本设计要素中的一部分，其种类繁多运用广泛，在 VI 设计的应用要素中几乎处处可以见到标准字的身影。企业标准字的出现频率仅次于企业标志，因此决不能忽视它的重要性。企业标准字的设计可根据企业名称、品牌名称、活动主题与内容而精心设计，对于标准字的间距、笔画的配置、线条的粗细等设计要素均要做缜密的规划与严谨的制作。企业标准字有以下特性。

4.1.1 识别性

企业标准字有较强的识别性，它能准确的传达企业的经营理念、企业的性质、企业的规模、产品的特质等。企业标准字能通过文字的可读性来准确地传达企业的各方面信息。

WILLIAMS

WIDEROE

TELECOM NEW ZEALAND

un mundo próximo

TELECOM ARGENTINA

tECHMEUP NET

T-BOON PRODUCTIONS

图 4-1 企业标准字的识别性

SWISS AIR

VIVA O ESPORTE

XTREME SPORTS EXPO

VMA 2004

TCL

WEBMILES

TROPICANA TWISTER SODA

4.1.2 造型性

企业标准字有无亲和力、有无创新感、有无美感，都是其能否吸引消费群体注意的关键所在。亲切感、新鲜感、美感等均是企业标准字造型设计的要素。

GUARAVITAL

OLAY

VMA 2000

TROPI_LIGHT JUGOS

DANEX UMAG

e-VENTUS

TELVISTA

CREATIVE

CILS

ACCENTHEALTH

MIO DIGI—WALKER

MEGA TV

AADVANTAGE

maxell

MAXELL

MAKRO

1OS DRUK DESIGN

ASA

图 4-2 企业标准字的造型性

4.1.3 系统性

　　企业标准字设计完成后，必须导入 CI 之中，使它与其他设计要素组合运用，从而更好地扮演着它在设计要素中的角色，使企业的各种讯息明确突出。

INTEL

INTEL VIIV

INTEL CELERON

INTEL PENTIUM III

PEPSI

PEPSI LIGHT

PEPSI TWIST

PEPSI WILD CHERRY

HOLIDAY INN HOTELS

HOLIDAY INN SUNSPREE

HOLIDAY INN SELECT

图 4-3 企业标准字的系统性

4.1.4 延展性

企业标准字和企业标志一样也应具有延展性。因为标准字高频率的出现使得它除应用在印刷外，还受到不同材质、不同技术等方面的制约，因此设计者在标准字设计过程中应把诸多的因素考虑在内。

线条粗细变化的表现形式

MAC OS 标志的变体设计

图 4-4 企业标准字的延展性

4.2 企业标准字的种类

企业标准字在 VI 设计中的识别功能是很强的，它可用视觉图形的可读性来表达企业的理念、文化精神、产品的特质等。由于平面设计中字体设计的种类繁多，

为达到企业识别的效果，企业标准字应采用个性鲜明、造型简单的方法来进行设计，达到企业识别的同一性和识别性。企业标准字的种类大体可分为以下几种。

4.2.1 字体标志

字体标志在标志设计中比较常见，它是将企业的名称或简称设计成个性鲜明、意义完整的企业标志。企业字体标志既是企业徽章象征（企业标志），又是企业的标准字，它易读性强，可直接让消费群体对企业进行文字记忆。

BROCACEF HOLDING

BENETTON FORMULA 1

BFGOODRICH

BEANIE BUDDIES

AZURIX

BURLINGTON COAT FACTORY

AMGEN

AUTOZONE

AUTO VENTSHADE COMPANY

AMERICAN EAGLE AIR

ASCOT HOTEL

ABILITIES OF FLORIDA

BACHARACH

AMERICAN STANDARD

图 4-5 字体标志

4.2.2 品牌名标准字

面对企业发展的国际化和多元化，品牌标准字以其特有的识别性和易读性，帮助企业更有力地占有市场份额。

NESTLE LA LECHERA

4.2.3 特有名标准字

随着企业的不断壮大，经营范围的不断增加，为区分产品间的特性，企业赋予不同产品特有的名称来强化产品的特性。

NESTLE CREMORA

NESTLE CRUNCH

SONY WALKMAN

NESTLE

NESTLE CARNATION

SONY VAIO

NESTLE WHITE CRUNCH

SONY PLAYSTATION TWO

NESTLE WATERS

NESTLE FOODSERVICES

SONY PLAYSTATION

NESTLE NUTRITION

NESTLE

SONY DISCMAN

NESTLE MILO

NESTEA

SONY DIGITAL MULTISCA

SONY

图 4-6 品牌名标准字

图 4-7 特有名标准字

4.3 标准字的设计技法

标准字是企业视觉识别系统中的基本设计要素之一，因其表现种类繁多、运用广泛、出现频率高，所以要在一定形式上予以规范。

企业标准字的设计因与常用美术字有所区别，标准字应准确表达企业的理念、产品的特质、发展的方向等特征。目前各种制作方法层出不穷，尤其计算机的应用，可能使企业标准字的特性有所降低，差异性减少，所以企业标准字设计的个性化和独特性，是企业表达理念、产品特质及发展方向的重要手段。企业标准字设计技法应从以下几点考虑。

4.3.1 表象在先、成竹在胸

企业标准字的设计虽然没有绘画那样复杂的构思，但形象思维是不可缺少的。在设计标准字的过程中应考虑到：字体大小是否合适；比例结构是否舒展；字体形状是否易于设计成正方形、长方形或是其他形状；确立笔画标准；字体的对称、平衡等。

4.3.2 结构安排、划分部分

根据自己的结构特征，汉文字分为主体字与合体字两种形式。主体字即全字由一个不可分割的整体构成，在设计过程中应注意各笔画间的空白，在符合视觉规律的前提下，字形基本匀称即可；合体字则是指全字由两个或多个部分组合而成的字体形式，在设计时要注意各部分笔画之间的关系，笔画疏密、各部分间的比例，笔画穿插等按照视觉规律进行处理。

4.3.3 上下左右、有紧有松

在合体字设计中，如遇到有两个部分组合的结构时，上下结构的合体字应按上紧下松的形式来安排，左右结构的合体字则应以左紧右松的形式来进行设计。这是因为人们阅读的习惯是按照从上到下、从左到右的顺序来进行的。同等面积的字体上部显大、左部显大，为了纠正我们的视觉错误，在标准字设计过程中应对字体上下、左右的结构关系进行缜密的调整。

4.3.4 有分有合、注意整体

对于合体字来说应对划分部分予以关注，否则就会出现结构不均的失误。同时还应注意结构部分的整体组合及贯穿连接，否则还会出现字体结构松散、相互分离的结构错误。

4.3.5 伸缩处理、视觉整齐

在字体的字形设计上，标准字首先确定自己的框格，写出来的字才能大小一致、整齐规范。然而由于字体的笔画结构不同，又不能完全死板地按照框格来进行设计，由于视觉的错觉原理完全按照框格所设计出来的标准字反而大小不一、视觉凌乱。所以在标准字调整过程中必须做伸缩处理，这里指的"伸"为伸张的意思，又称"涨笔"，这里指的"缩"为收缩，又称之为"缩笔"。

4.3.6 粗细调整、以繁为首

每一种字体都有标准的笔画粗细比例，由于字体笔画多少不一、繁简不同，所以书写时不能都按照统一的笔画粗细标准来处理，否则会出现字体浓重粗黑、死黑一团的现象。

4.3.7 平衡对称、区别对待

在汉字中，合体字与独体字均有对称与平衡的结构形式。对称式设计中最基本法则之一，它指上下或左右的笔画结构相同、视觉上的量感相同的字体结构，即"等量等形"。平衡是指笔画结构不同，但视觉上的量感相同的字体结构，即"等量不等形"。

4.3.8 字距行距、明确清晰

企业标准字的字距一般以字形宽度的1/7 1/4为标准，标题字距可以适当宽一些，字距过宽使得局部在视觉上有分散的效果；字距过窄使遇到两个需要涨笔字体的处理时，有可能笔画交叉，字体间无清晰的明确感。

4.4 企业标准字的展开运用

由于受到各种技术及材料等外界因素的制约，在设计标准字中，设计者除了进行标准化的字体设计外，还应考虑配合不同材质，施工技术等特殊状况的外界因素影响来制作变体的标准字，以更好地表达企业的特性。

4.4.1 标准字的变体设计

在进行企业标准字变体设计时，因考虑到线条粗细的调整，放大或缩小的延展性问题。例如，标准字设计之初应考虑后期印刷问题，由于受到印刷技术的制约，将企业标准字缩小后进行调整，避免印刷后出现不清楚或模糊一团的效果（图4-8）。

4.4.2 标志字的衍生造型

为了缓和标准字的孤立感、使其活泼有生机，企业对标准字进行衍生的图案设计。企业标准字衍生造型设计一般用于产品的包装、提袋等装饰纹样，美观之外又收到了宣传企业的效果。标准字衍生造型的形式有以下三种。

（1）标准字的集合构成（图4-9）。

（2）标准字与其他设计要素的结合（图4-10）。

（3）标准字渐变的动感表现形式（图4-11）。

GOOD YEAR

GOOD YEAR TIRES

AT AND T

YAMAHA

SWATCH

COCA-COLA

图 4-8 标准字的变体设计

图 4-9 标准字的集合构成

图 4-10 标准字与其他设计要素的结合

COCA-COLA

MCDONALDS

图 4-11 标准字渐变的动感表现形式

5

第 5 章 标准色

5.1 标准色的定义

　　企业标准色是指某一特定颜色或一组特定颜色，运用在设计要素和应用要素当中，透过色彩具有的特性来刺激消费大众，以突出企业经营理念、产品特质等。企业标准色具有强烈的识别效应。

　　色彩的魅力在当今变化莫测的市场竞争中，扮演着举足轻重的角色。在人们感官当中视觉是最重要的信息来源途径，色彩在视觉中是必不可少的。人们的生活如果缺少了颜色，后果是可想而知的，生活也将变得单调，因此企业标准色的设定不仅能为生活带来活力，而且人们通过企业的标准色可以认知企业的经营理念、产品特质等，更有助于消费大众的识别。标准色的产生是通过色彩的力量，来确立公司、品牌在消费群体中的认知度。人们对色彩认知也经历了长期的历史演变过程。

　　什么是色彩？至今可以说仍旧是个谜。色彩在不同的文明时代，有着不同的诠释。先哲们对它有不同的理解，人们甚至一开始认为是人的眼睛喷发出一种物质到物体上，物体才有了色彩。罗马哲学家波修斯说："……还是由于眼睛向外界物体发射出光束，这对学者们仍然是个谜。"古希腊的哲学家设想出色彩是一种媒质；到了 17 世纪荷兰物理学家惠更斯提出光是一种机械的弹性波，这种波的传播如声波的传播一样需要空气和力学为媒介，色彩传播的媒介叫"以太"。18 世纪中叶俄国的罗蒙诺索夫也提出："光的起源乃是'以太'质点'摆动'的运动。"20 世纪随着爱因斯坦相对论建立，证明色彩的传播并不需要媒介，"以太"这一抽象概念变为乌有。光本身就是实实在在的物质，太阳毫不吝惜的把自己的光以大约每秒 30 万公里的速度传播给地球，光使地球有了色彩。

　　现在人们认为色彩是光源中可见光在不同质的物体上的反映。人们对色彩研究是没有停止的，企业通过视觉要素之一的色彩来表达企业的理念、企业文化、产品的特质。标准色的设定对企业进行统一经营，标准管理起到了重要作用。

图 5-1 俄罗斯 EVENTICA 公司标准色

5.2 色彩的三要素：

认识色彩从色彩的三要素开始，即色相（Hue）、明度（Brightness）、纯度（Purity）。

5.2.1 色相

色相是色彩的第一要素。辞海中色相解释为：色彩所呈现的质的面貌。这里的"质"必须加以规定为色光波波长的"质"。因为人们已经把波长从 700 毫微米到 400 毫微米左右的色光波分为七个，每个范围所呈现的色彩面貌分别命名为红、橙、黄、绿、青、蓝、紫。对于色彩来说色相是对色光波波长的模仿。一般说到一个具体的色相，实际上也只能是一个抽象的概念，譬如我们说到红色，每个人想到的红色可能并不完全一样。阿尔巴斯说："……在所有观者面前放几种红色，指定取出可口可乐标签的红色，人们也往往会取大不相同的红色。"

尽管如此，却并不影响我们对某一色相的认识，所以对色相的研究是研究色彩的一种需要。我们可以从四个方面来研究色彩的色相，这对企业的识别管理有着十分重要的意义。

绝对色相。在色彩的面貌上是最富个性、最易区别的，是毫无共同成分的色彩，即红、黄、蓝。它们是任何颜色都不能调混成的，人们又称它们为三原色。当提及色彩时，人们应立即想到这三原色色相，就象提到形状时就立即想到圆、方、角一样。在色彩的社会性应用中，三原色是使用率最高的色相。

基本色相。基本色相是反映色彩基本面貌的色相。即红、橙、黄、绿、蓝、紫，其中红、黄、

蓝是三原色，橙、绿、紫分别在六色简单色环中的红与黄之间，黄与蓝之间，蓝与红之间，故又称三间色。间色与间色、原色与不含本身的间色混合都称再间色或复色或第三次色。红和绿、黄和紫、橙和蓝，像这样两种强对比颜色的组合，而且两种颜色调和在一起所生成的颜色是灰色，我们把这种对比状态或组合方式称为补色。

三原色

三间色

补色

图 5-2 色相

常用色相。虽然有了六个基本色相，但在设计和绘画中仍感不足。诚然，六个基本色相可以调混出无数色彩，但十分不便。又由于一些色彩是经常使用的，在人们头脑中印象是非常深刻，虽然它们不是基本色相，不过仍是某种色相的明度或纯度的变化，但由于约定俗成，人们已

经习惯上把它们当成某种可识别的个性色彩，所以称之为常用色相。如玫瑰红、土黄、赭石、橄榄绿及黑、白、金、银等。还有一些色彩虽然可用三原色或三间色调出，但色彩不够鲜艳，如青莲色等。

相对色相。或称之为广义色相。只要稍有区别的色彩都可以给它起一个名字，或者用符号表示出来，这些是针对它们之间的相对色相而言的。这种区别只是基本色相明度或纯度的微小差异，那么它的范围较之常用色相就更加广泛了。

MTK 是芬兰的农业公司，标志采用了黄、绿、蓝三种颜色构成，代表着水、生命、收获，由三个半圆组成了公司开头字母 M 的造型。

MTK 标志

MTK 办公用品

MTKPOP 吊旗

MTK 宣传袋子

MTK 会场展示

MTK 会场展示

MTK 宣传单页

MTK 手册

MTK 宣传手册

图 5-3 芬兰 MTK 农业公司标准色

5.2.2 色彩明度

明度是色彩的第二要素。明度是指色彩的明暗程度。红与黄放在一起，我们既看到色相的差异，同时又看到红深黄浅的色彩的明暗差异，这是不同色相之间的明度比较。当两个红色放在一起一个深一个浅时，这是同一色相之间的明度比较。

图 5-4 明度

明度要素在色彩的社会性应用和设计中是非常重要的。一般来说，在黑白灰明度关系协调时，在不改变原来的明度关系的前提下用色彩替换时，其色彩关系也是成立的，换言之，一个设计或绘画的色彩关系协调时，用电脑来辅助色彩设计获得的黑白灰层次，可用来调节其明度关系。我们在进行企业识别设计时要注意企业标准色的明度调节，做到用最科学的设计来传达企业的文化、理念。

ESTRAVEL 公司标志由 LOOVVOOL 公司设计，采用了蓝颜色的明度对比来诉求，并成为 2009 年品牌革新优秀作品。

ESTRAVEL 标志

图 5-5 爱沙尼亚 ESTRAVEL 旅游公司标准色

ESTRAVEL 宣传物

ESTRAVEL 手册

ESTRAVEL 信封

ESTRAVEL 会员卡

ESTRAVEL 宣传物

5.2.3 色彩纯度

纯度是色彩的第三要素。纯度也称色度、彩度、饱和度、强度、鲜明度等。当提及纯度这一概念时，都以一定的色相为前提，这是纯度的特指性。

提及色相可想到红、橙、黄、绿、蓝、紫诸色，提到明度时可以想同一色相或不同色相的明暗程度。想到纯度必须先提及某一色相，再想到它的纯净度。对于光来说，纯度是指光波波长的单一程度。对于色彩来说单位面积内所含某色相色素的多少即是该色相的纯度。

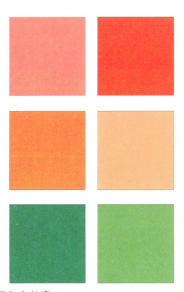

图 5-6 纯度

按照奥斯特瓦尔德的观点，世界上没有绝对纯的色彩，最纯的色彩只能达到 85.5%，同一色相可以比较纯度，不同的色相也可以比较纯度。在彩色印刷上曾经使用滤色分版的方法，是明确表现色彩的纯度的方法。在色彩三要素中，人们对纯度的感受远不如对色相和明度的感受敏锐。两个色彩放在一起我们很容易比较出色相和明度。而纯度，尤其是不同色相之间的纯度差异比较

是比较困难的。

MICRODESK 公司为美国的软件公司，公司标志采用了橘黄颜色的纯度对比，使得标志有发散感的效果。

MICRODESK 宣传物

MICRODESK

MICRODESK 标志

MICRODESK 宣传册

MICRODESK 宣传物

MICRODESK 宣传册

MICRODESK 办公用品

图 5-7 美国 MICRODESK 公司标准色

色彩三要素以外的要素——冷暖。

有人把冷暖说成是色彩的第四要素。所谓冷暖是人们视觉体验中把有冷暖属性的物体与色相相联系。

冷暖的视觉经验极不稳定，也无法用科学的方法测定，然而它在设计和绘画中占有重要的地位。在企业识别设计中，不仅要考虑色彩的色相、明度、纯度还要注意色彩的冷暖关系，以更好地表述企业的文化、理念等。

在六色的单色环上，红、橙、黄为暖色，蓝为冷色，紫与绿都是由冷暖色组成，属中性温度色彩。由于它们与冷色并置时感觉暖，与暖色并置时感觉冷，所以又称不定色。红、橙、黄、绿、蓝、紫是全部日光的总和。按以上的分析，光谱色中是三暖一冷中，总的比例是暖多于冷，所以太阳光总是暖融融的。因为冷暖是人们对色相的联想，联想与个人的经历和视觉经验有关，所以常有不同的观点出现。

色彩的三要素是 CIS 企业识别设计中标准色的基础语言，在标准色设计过程中，也是以协调色彩的色相、明度、纯度要素来协调色彩的相互作用和关系的。对表现企业理念、文化等的标准色与冷暖属性关联的，还要运用色彩的冷暖属性达到企业识别的视觉效果。

5.3 标准色的设定

企业应根据本身的需要，选择适合自己企业的色彩，来表达本企业的经营理念、文化等，使广大消费群体从色彩的角度注意、认识、了解、信任该企业。

一般而言，企业标准色设定的根据不外乎以下三个方面：企业形象、经营战略、成本与技术性。

（1）由于企业形象的原因：根据企业的经营理念或产品的内容特质，选择适合表现此形象的色彩。其中尤以表现公司的安定性、信赖性、成长性与生产的技术性、商品的优秀性等为前提。

（2）由于经营战略的原因：为了扩大企业之间的差异性，选择显眼、夺目与众不同的颜色，以达成企业识别、品牌突出的目的。其中应以使用频率最高的媒体或视觉符号为标准，使其充分表现此色彩，造成条件反射的行动。

中国联通 外延

中国联通 外延

中国联通 标志

图 5-8 中国联通标准色

（3）基于成本与技术性的原因：

色彩运用在传播媒体上非常的广泛，并涉及各种材料及技术。为了掌握标准色的精确再现与方便管理，尽量选择印刷技术。分色制版合理的色彩使之达到同一化的色彩。另外，避免选用特殊的色彩（如金、银等昂贵的油墨、涂料）或多色印刷以增加制作成本。

企业标准色的设定，可由上述三个方向来选取其一，或考虑三者之间相互的关系，选择适合多种效益的色彩，作为企业经营的竞争动力。色彩本身除了具有视觉刺激，以引发生理反映之外，更会经由消费大众的生活经验与社会规范、风俗习惯、日常产物等因素的影响，面对色彩产生具象的联想或抽象的情感。

色彩对视觉刺激所引起的共鸣现象，以及产生具象联想和抽象联想，我们分析一下世界各大企业标准色，可得到以下归类。

红色：食品业、石化业、交通业、药品业、金融业、百货业；

橙色：食品业、石化业、建筑业、百货业；

黄色：电器业、化工业、照明业、食品业；

绿色：食品业、林业、果蔬业、建筑业、药业；

蓝色：交通业、IT 业、体育业、化工业、金融业；

紫色：化妆品、服装业 出版业、玩具。

标准色的设定并非仅限于单色，可根据表现企业形象完整与否，选择单色或多色组合。一般企业设定标准色大概有以下三种

情况。

5.3.1 单色标准色

单纯有力的单色标准色，可以创造强烈的印象，容易被消费大众记忆，是最为常见的企业标准色形式。例如，可口可乐的红、耐克的红、中国农业银行的绿、招商银行的紫等。

GAA 标志

GAA 宣传手册

GAA 标准组合

GAA 网站

图 5-9 爱尔兰 GAA 公司标准色

GAA 应用

5.3.2 复色标准色

标准色的选择，并不局限于单色的表现，许多企业采取两色以上的色彩搭配，追求色彩组合的对比效果，以增强色彩律动的美感与完整说明企业的特质。例如，家乐福的红与蓝、肯德基的红、黄和蓝、美国壳牌汽油红与黄等。

图 5-10 壳牌标准色

DEDEMAN 展示

DEDEMAN 车体

DEDEMAN 标志

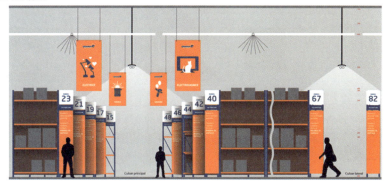

DEDEMAN 展示

DEDEMAN 网站

DEDEMAN 办公用品　　　　DEDEMAN POP 吊旗

图 5-11　罗马尼亚 DEDEMAN 家居超市标准色

DEDEMAN 办公用品

5.3.3 标准色加辅助色

多色系统的标准色形式，主要为了区分企业集团子公司和母公司的不同，或公司各个事业部门品牌、产品的分类。利用色彩的差异性、易读性区分。例如大阪21世纪画展和日本大荣集团等。

当企业标准色确定之后，应将之与基本要素组合使用，并事先规划各种应用设计项目的色彩配置使用规定，以加强标准色的展开运用，贯彻表现至所有传播媒体之上（图5-12）。

5.4 标准色的应用管理

企业标准色确立之后，除了实施全面展开，加强运用外，还要对统一色进行管理。采用科学化的数值符号或统一编号等表示方法，达到标准化、统一化的色彩管理。

标准色的表示方法，依据世界各国各大企业的表示方法可分为下列三种。

色彩学数值表示法。依据曼塞尔或奥斯特瓦德的色彩要素——色相、明度、彩度的数值，表示企业标准色的数值，以求取精确的色彩。

印刷油墨或油漆涂料色彩编号表示法。根据印刷油墨或油漆涂料的制造厂商所制定的色彩编号，来表示企业标准色。世界通行的贝顿油墨色表示法是一种常见色彩编号表示法。贝顿色彩编号表示法为PMS(PANTONE Mortching System)，另外，较为有名的印刷油墨产商的色彩编号表示法，有日本的DIC和TOKO等厂牌的表示法。

印刷颜色表示法。根据印刷制版的色彩分色百分比，标明企业标准色所占的百分比，以利于制版分色的作业。如耐克公司的标准色——红色的表示方法采用印刷演色表示法：M100%+Y100%。

上述标准色的三种表示法，因测定色彩的设计、运用的项目、材质的表面与施工制作的技术均会影响到色彩的再现与精确度。

企业标准色的管理方法，除了透过上述科学化的数值、符号等表示法以外，尚需印刷色标以利于各种应用设计项目制作时参考，并可供印刷成品进行核对、比较，以确保标准色精确再现。

日本大荣集团　　大阪21世纪画展

图5-12 企业标准加辅助色

6

第6章 企业形象代言物

6-1 企业形象代言物的定义

企业形象代言物是指，为强化企业性格、诉求产品的特质，选择适宜的人物、动物做成具象化的插图形式，透过平易近人、亲切可爱的造型，以达成捕捉视觉焦点的效果，使消费者对产品有强烈的印象，塑造企业识别的造型符号。

企业形象代言物设计的题材十分广泛，因此在构思企业形象代言物的时候，应尽可能地精挑细选，选择符合企业实态的造型符号，使消费大众一目了然。

企业形象代言物具有以下特征。

（1）说明性：以具象化的造型图案图解内容、说明意义，较之抽象性的标志、标准字更具说明性与诉求力，一目了然地表达企业情报。

图6-1 迪斯尼代言物

KGK

MINUTEMAN PRESS

KANG

图6-2 具有说明性特征的代言物

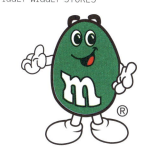

PIGGLY WIGGLY STORES

M & M

LITTLE CAESAR

RCA DOG

（2）亲切感：企业形象代言物均采取活泼可爱的人物、动物为题材，在企业情报传达的诸多设计要素中，是最具亲切感、吸引力的设计要素。容易达成捕捉视觉点的记忆效果。

SHRINE CLOWN

AVALLONEDOORCOMPANY

TOYS R US

CAMPBELLS GIRL

CUBBY HOLE STORAGE

HAWAIIN PUNCH PUCHY

BLIMPIE BEAR

CLEAN AIR SYSTEMS

TUKO

BIG BOY RESTAURANT

CHUCKE CHEESES PIZZA

图 6-3　具有亲切感特征的代言物

(3) 延展性：企业形象代言物有变体设计的流畅性，可以设计多种表情、姿势、动态，以适合于特定的场合，比标志、标准字等基本要素更具设计弹性（图6-4）。

企业形象代言物依照存在的意义可分成企业标志独立自主性和补足企业标志说明性两大类：

（1）.企业形象代言物具有企业标志独立自主性，如法国米其林轮胎公司，英国通运公司的旗帜图案等。

图 6-5 法国米其林轮胎

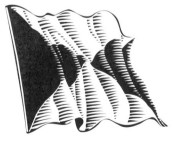

图 6-4 具有延展性特征的代言物 ROTRONIC 　图 6-6 英国通运公司的旗帜图案

（2）企业形象代言物具有补足企业标志说明性，如美国麦当劳食品公司的麦当劳叔叔，日本日立公司的阿童木等。

图 6-7 麦当劳叔叔

图 6-8 阿童木

6.2 企业形象代言物的设定及展开

企业形象代言物的机能，在于通过具象化的造型图案，以图来解释企业性格和产品品质。此造型的题材选择与设定，关乎企业造型的生命力表现，更决定了企业所欲建立的形象，因此设定代言物之初，必须选好题材，理性分析企业的实态、公司的性格、品牌的性格、品牌的印象或产品的特质，将其一一研析，并以企业所欲建立的形象为准则，设定名符其实的企业代言物。

一般而言，企业形象代言物的设定，首先考虑到宗教信仰的问题，风俗习惯的好恶，以避免日后不必要的麻烦。再就企业的内容，决定设计的方向、选择设计的题材。

企业的形象代言物一般可获得设计的灵感有故事性、历史性、材料性和动植物特征。

（1）故事性：从家喻户晓、耳熟能详的童话故事或民间传说中，选择富有个性的角色。

BORDEN ELSIE

ARCTIC CAT

SUPERGIOVANE

BUD MAN

ROLLS ROYCE

LA PETITE ACADEMY

图 6-9 具有故事性的企业形象代言物

（2）历史性：基于人类的历史，缅怀过去的怀旧心理或标示传统文化、老牌风味的权威，可以从历史性的创始者、文物入手设计企业形象代言物。

THE BASINGSTOKE PRESS

QUAKER OATS

KFC

TURNER CLASSIC MOVIES

FOOT LOCKER

图 6-10 具有历史性的企业形象代言物

（3）材料性：以产品制造的材料或产品内容作为企业代言物的造型，具体而明晰地说明企业经营内容。

AMF

AMBUSH

TOYS

图 6-11 具有材料性的企业形象代言物

（4）动植物特性：宇宙万物各赋其形态，动植物的特质、习性均有显著的差异。企业可就企业实态、公司性格、品牌印象及产品特质来选择符合其精神表现的题材，再赋予其特定的姿势、动态等，以传达独特的经营理念。

ROO HIDE

MOBILGAS

KEMPS

GREEN GIANT SROUT

FERRARI

WELLCOME

fEDEX HOME DEL

TARTARUGHINA

图 6-12 具有动植物特性的企业形象代言物

选择一个恰当的企业形象代言物，配合其他设计要素来刺激消费大众对企业产生好感，对产品产生购买欲望。企业形象代言物辅助企业形象其他设计要素进行设计，并使之成为企业赢得市场份额的利器。

第7章 企业形象再设计

7.1 品牌的再定位

品牌一旦被确认，一切与之相关的信息传达都必须以品牌为中心。时代在改变，人们的意识也在变化。广告的发展不是停滞不前的，设计界也在是在不断地向前。没有变化，没有新意的事物终将会被这个时代所抛弃。

一个成功的品牌创意造就出高额的利润，为企业赢得巨大的附加价值，在这背后，我们要思考一下，如果维持这一切不变，一年、两年可能看不出来，想想五十年后这个品牌还能为企业创造出等同的价值吗？答案是显而易见的。因此，设计师要把握时代的命脉，抓住大众的消费心理，来帮助企业更好地适应当今时代的需求，永葆企业形象活力。

"可口可乐"这个碳酸饮料之王从初创之时，就推出了由图书管理员弗兰克·罗宾逊手写字体的"Coca-Cola"作为自己的商标，一个世纪以来，这个商标流传至今，成为可口可乐的象征符号，成为了美国的文化。曾有一个笑话说到："苏联和美国进行星球大战计划，苏联人首先登上了月球，把月球粉刷成了红色，来代表红色政权，美国人则不急不慢在一个月后登上了月球，在红色的月球上，写了几个大字'Coca-Cola'。"从这个笑话可以看出，可口可乐在世界的影响力之广泛。

经过市场调查的资料显示，可口可乐早期的识别系统中，有四个要素是不可或缺的：Coca-Cola 的手写字体；Coke 的品牌名；红色的标准色；独特的瓶子轮廓。

可口可乐虽然已在世界消费群体中占有了一定的比例，但是为了迎合时代的特征，它也是不断的来改变形象，重新定位自己。可口可乐公司以每年上亿美元的宣传费来推出该品牌的形象主题，自 1886 年至 1993 年，可口可乐 32 次变换主题，用过 94 条广告语，尽管它五彩纷呈，令人眼花缭乱，却始终贯穿一条主线——用一种"世界性语言"与不同国家、不同种族，不同文化背景的消费者进行沟通。

企业改变自身会带来生机，带来希望，同时企业在改变自身过程中也存在风险。当可口可乐面对百事可乐的严峻挑战时，曾产生过心理眩感，百事可乐夺走了可口可乐几十亿美元的高额利润。可口可乐认为，百事可乐的崛起，是口味比可口可乐甜一些，于是在 80 年代初期，可口可乐公司试图打破百年不变的旧貌，用了几百万美元去改变老配方，研制新口味，并以新口味为"武器"去与百事可乐一决高低。结果受到美国消费者的强烈抵制，人们甚至游行示威，抗议可口可乐公司侵犯了他们饮用"正宗"可乐的权利。可口可乐为了适应市场而改变自己的战略，几百万美元和两年多的心血的代价以折戟沉沙而收场。

从以上的实例可以看出世界

图 7-1 可口可乐

性的大品牌在不同的时代针对市场的需求来重新定位自己，改变自己的形象以更好地被消费群体所接受。同时我们也要清醒的看到重新定位的风险，不能盲目的改变，不能跟在别人的后面做同样的事情。在企业重新定位前，要进行周密的调查活动，包括社会、市场、产品等，动员一切可以动员的力量，上下皆兵为企业出谋划策，得出能为企业适应地域、适应时代、适应消费群体等的增值服务策略。

7.2 企业形象再设计

一个成功的品牌存在于这个竞争激烈的市场中，一定有它生存的理由，也一定有它发展的企业战略计划。那么一个好的品牌形象必须涵盖公司的每个板块，一个企业的理念，企业的活动，企业的视觉形象等。世界是在发展、变化的，绝对静止的事物是没有的，企业的发展也不会脱离这个规律。因此，各个企业在发展到一定程度上，开始更新自己，重新定位自己，在这个没有"结束"的商战中，寻求更好的生存之路。

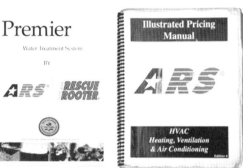

ARS 服务公司旧形象

ARS 服务公司新形象

图 7-2 美国 ARS 服务公司形象再设计

美国的凯瑟琳·费希尔曾说：创立一个新的品牌的确要冒很大的风险，但更新一个老的品牌则更具有挑战性。设计师在品牌设计与再设计的过程中举足轻重，除了要从通常的市场角度和美学角度考虑外，设计师得与品牌所有者一起考虑感情因素：对一个陌生的新品牌，消费者会不会有不信任感？会不会产生抵触情绪？是不是还仍然应当保留老品牌？品牌的所有者到底愿意承担多大的风险……对这些问题中的任何一个判断有误或考虑不周，都将可能导致该品牌公司的生意遭挫或一蹶不振。面对一个对原品牌的优缺点已有清晰了解，对该品牌往后发展已成竹在胸的品牌所有者，设计者必须赋予作品足够的魅力，以确保品牌不仅在商业竞争中生存，还能尽量使之能蓬勃发展，把握于未来。

全世界有多少商务活动就有多少理由去重塑品牌。对这些理由仅作如下归类。

再定位。通常一家濒临破产的公司是不会对其品牌的再定位感兴趣的。品牌再定位是相对于那些希望拓展业务而要求在某些方面作相应调整的公司而言的。

BAGS 旅游公司旧形象　　　　BAGS 旅游公司新形象

图 7-3 美国 BAGS 旅游公司形象代言物的再设计

时尚化。任何一家公司都会发现某些方面需要改进，希望自己的品牌更紧跟时代步伐，以免在竞争中愈来愈落伍。时尚化有不少好处：更新鲜、更符合美学的视觉要求，更具操作性的设计，将向顾客传递着时尚信息，促进企业的增长。或许一家公司正处于从畏首畏尾的褴褛期转向全面发展的强势阶段，自然，大公司要摆大场面，打个新品牌来搞促销不失为大胆而又明智的举措。

ENERGISA 公司旧形象

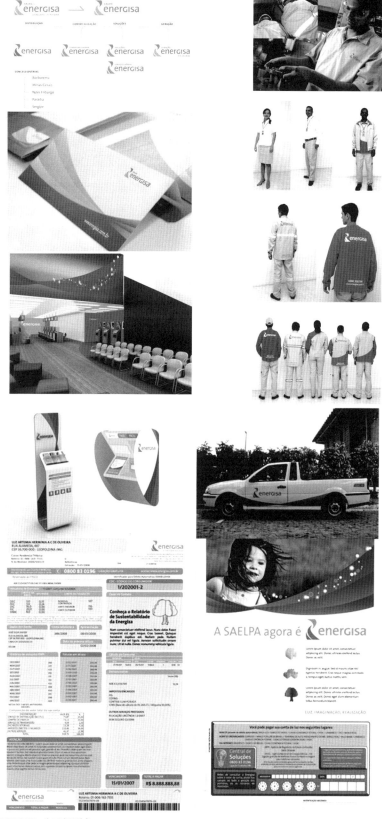

ENERGISA 公司新形象

图 7-4 巴西 ENERGISA 公司形象的时尚化改进

CIS 设计

不断超越。有时一个老品牌
已成明日黄花，不值得再去包装。
一个全新品牌意味着一个新的起
点，一个改头换面的良机。

CEC 银行旧形象

CEC 银行新形象

图 7-5 罗马尼亚 CEC 银行形象的再包装

　　一个新的品牌将会反映出一家公司革新的活力。但设计师在工作之前，当然也得慎重行事，不能为设计而设计，不能仅因人们都推崇转变而提议品牌所有者去有所改变，设计师要先确信：品牌的创造与改变，必须真正有利于商业竞争。

BENTLEY SYSTEMS INC 公司旧形象

BENTLEY SYSTEMS INC 公司新形象

图 7-6 美国 BENTLEY SYSTEMS INC 公司形象再设计

BIRTHTRACK 医药旧形象

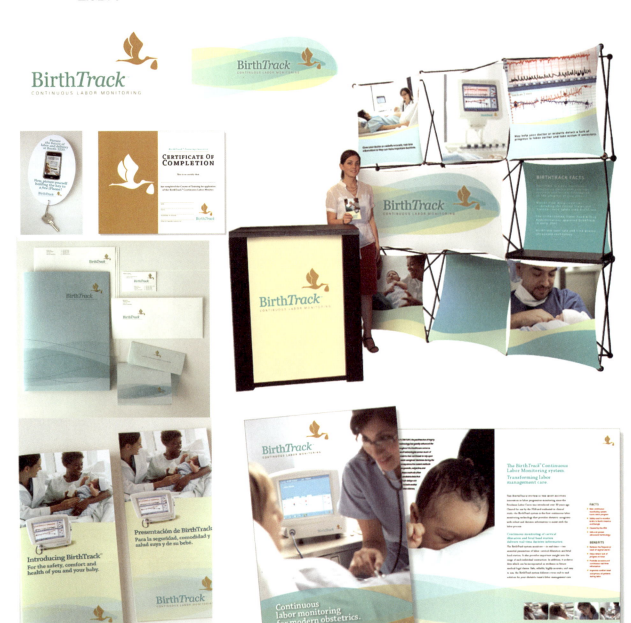

BIRTHTRACK 医药新形象

图 7-7 以色列 BIRTHTRACK 医药形象再设计

第8章 作品赏析

8.1 奥林匹克美术大会

　　为了促进体育文化的发展，国际奥委会于2000年创办了奥林匹克美术大会，旨在通过艺术形式传播奥林匹克理想，促进青年人全面发展，国际奥委会将这项比赛与夏季奥运会结合，每四年一届，2008年国际奥委会在北京办了第三届体育与艺术大赛。

　　会徽的设计结合了中国的建筑之美（天坛的造型）、运动之美（奔跑的人形）以及代表中国艺术特有神韵的书法之美。既注重了大会的地域文化，体现出中国文化的博大精深，同时又跟奥运会标志遥相呼应，将人文奥运、绿色奥运、科技奥运的概念发挥到极致，赋予奥运会以充分的艺术性，还艺术性地传播了奥林匹克理想。

图8-1　2008年奥林匹克美术大会赛形象应用

8.2 Cocoa Stuff 科技公司

Cocoa Stuff 是一家专为苹果 iPhone 和 MAC 研发和销售高端软件的科技公司，新标志的设计充分体现了该公司简单、优雅、美丽和高品质的品牌理念。

图 8-2 Cocoa Stuff 科技公司形象应用

8.3 德国 NICI 公司

德国 NICI 公司是世界知名礼品公司，诞生于 1986 年。品牌除了 NICI 外，还有 NICI SPORT 及 NICI HOME。NICI 的商品已遍布全世界 50 多个国家和地区，日趋成为礼品品牌中的佼佼者。NICI 的创作以体贴的心情设计出每一款独一无二的、丰富又生动的迷人商品。它主营玩具，2006 年世界杯的吉祥物就是 NICI 生产的。同时也卖各种小商品，如文具、钱包、贺卡等。每一只动物玩具都能唯妙唯肖捕捉最可爱的表情，细致的手工与绵密均匀的绒毛，传递出 NICI 最诚恳的创意。不只在全世界每个角落都有忠实的 NICI 动物迷，每年推出的季节限量款造型动物更是引起各地热热烈烈的收藏风潮。NICI 公司拥有 JOLLY 羊系列、野生动物系列、麋鹿系列、情侣猫系列、农场系列、海洋动物系列、SHEEP-WORLD 系列、蜂蜜熊和朱古力熊系列等等十几大系列的产品。

图 8-3 德国 NICI 公司形象应用

8.4 腾讯印象

"腾讯印象"是腾讯品牌形象店，其标志设计有以下释意：

1) M 字中间两个门为两只企鹅（腾讯的标识）手牵手的剪影；

2) 两只企鹅大小一致，表示"印象"（通过折叠，一只企鹅印出另一只企鹅）；

3) 多彩表现业务多元化，而企鹅 (QQ) 是主要平台，通过 M(Main) 表现；

4) "腾讯印象"四个字使用"腾讯网"字体，引入母品牌元素;

5) 外框形状为文字泡泡，象征沟通。

图 8-4 腾讯印象形象设计

8.5 The North Face 公司形象

1968 年，The North Face 品牌正式在美国旧金山创立。将品牌命名为 The North Face (TNF) 的原因是，在北半球，山峰的北坡是最冷、冰雪覆盖最深、最难以攀爬的一侧，暗指真正的登山爱好者，永远无所畏惧，迎难而上。因此，"探索永不停止 (Never Stop Exploring)" 也成为 The North Face 品牌的口号。而 The North Face 的 Logo 标志，则取自于美国 Yosemite 优山美地国家公园内的半圆顶山 Half Dome，这也是当年攀岩爱好者们攀爬花岗石的终极目标。

凭借对户外运动的热爱和"探索永不停止"这种精神，很快 The North Face 从最初的一间小小的，专卖攀岩、登山、滑雪等装备的零售店，发展成为一家出售专业户外运动装备的著名公司。The North Face 产品往往能超越经典，历久弥新。在 1975 年研发 Cat's Meow 睡袋得到业内的广泛好评，2006 年，它更勇夺《背包客》杂志年度编辑选择奖 (Backpacker Editors Choice) 的金奖。而在 2007 年获得北美《OUTSIDE》杂志"年度最佳装备"的 Cipher Windstopper Jacket 也以出色的剪裁、完全防风及 The North Face Apex Aerobic 高透气四向弹力面料，得到户外爱好者的追捧。

图 8-5 The North Face 公司形象设计

8.6 VTC 教育机构形象

VTC 于 2007 年 11 月正式推出的全新标志，寓意学生修读我们的课程，便告迈入人生的转折点，标志中的"V"字绽放光芒，色彩鲜明，活力充沛，象征 VTC 的办学期望：学生透过 VTC 的学习体验蜕变成长，迸发光芒。

焕然一新的机构标志亦表征 VTC 本身的蜕变——迎接挑战，立足香港，面向亚太地区，稳占专业教育培训和发展的领导地位。

图 8-6 VTC 教育机构形象设计

8.7 老百姓大药房形象

老百姓大药房是一家由单一民营药店发展起来的大型医药连锁企业。现除拥有全国最大规模的药品零售系统外，同时兼营药品批发与制造。

新的"老百姓"标识由中英文标准字组成，与原来的标识比较，新的标识延续了老百姓大药房七年发展形成的品牌印象，更强调了时代感和专业化。图形圆润平滑，更平易近人，使视觉更为舒适；而通过简洁、自然、和谐、时尚的设计，赋予老百姓大药房标识新的内涵，使其成为老百姓大药房发展新阶段的精神承载。

新标识的颜色以蓝白相间为主色调，给人安逸、平静、舒适之感，蓝色意味着不朽和永恒，象征"老百姓"的品牌，也象征广大老百姓的健康。

新标识整体上呈胶囊形状，让人联想到药品，标明企业的行业属性；"胶囊"外形内含"老百姓"的构成方式，更体现出企业以老百姓为核心，"一切为了老百姓"的企业宗旨，构建了理念与形象相统一的品牌符号。

新标识"老百姓"中，"老"字形似"者"字，开篇即以"老者"尊称，有亲切之感；"姓"字右边的"生"字可分解为上、中、下三部分。上部为"福"字拼音的首字母"F"，中部为"十"字形，象征医疗卫生，下部为减法的"一"符号，象征药到病除，身体健康之意。

"大药房"中，"大"字既表示企业经营规模大、管理完善健全，不断发展壮大、独领行业风骚、引领产业方向；也表示"老百姓"在广大百姓心目中的地位不断扩大，影响力更广；"药房"寓意企业集百家精华，药品种类齐全，有品质保证。

新标识采用英文字母这一国际流行趋势，"LBX"为"老百姓"三字的拼音首字母缩写，"PHARMACY"为英文"药房"。此为新标识的又一大亮点，表现老百姓大药房销售的产品与服务将更专业、更人性、更亲和、更生动与更注重细节。彰显了企业继融入外资后，冲出中国，走向世界的决心。

图 8-7 老百姓大药房形象应用

8.8 浙江茂阳教育投资有限公司形象

浙江茂阳教育投资有限公司是一个以教育后勤投资为主导，集生猪饲养出口、蔬菜种植等经营项目为辅的私营公司。创建于 2001 年，下辖湄中茂阳生活园区、茂阳养殖场、茂阳渔场、茂阳蔬菜基地等经济体。现有员工一百八十余人，其中各类中高级技术人员二十余人。总资产三千七百万元。下属湄中茂阳生活园区是浙江省第一家由企业投资建设并经营管理的社会化公立高中学校后勤实体。

图 8-8 浙江茂阳教育投资有限公司形象应用

8.9 民生证券形象

标志整体外形为圆形，似一个钱币，代表民生证券金融行业属性。内部图案为民生证券首字母"M"，有民生证券的专属性。

整个标识寓意"民生证券，财富民生"。内部图案可以同时解读成鹰、鹰头、鹰翅膀的三种抽象造型。代表着民生证券人奋斗、果敢、进取的精神。民生证券字体造型稳健、厚重、识别性强，体现企业脚踏实地，稳步前进的经营理念。

红色代表股市上涨的大好形势，同时代表热烈、热情、激情和奋进，且视觉冲击力强。

红色标志和深灰色字体搭配，视觉协调、平衡、优美，稳重中不失亲和，识别亦很清晰。

图 8-9 民生证券形象应用

8.10 七匹狼实业股份有限公司形象

"狼"集智慧、机灵、团结于一身，是极具拼搏力、顽强执着，不停地为生存而奋斗的群体性动物，七匹狼商标图形是一匹向前奔跑的彪狼，以昂头挺尾奔跃的形态、四脚蓄积爆发的立姿表现公司创业者勇于突破传统，独具个性的舒展形象；它整体呈流线型，充满动感，给人奋勇直前的感觉，象征着企业不断开拓的奋斗精神。

英文专用名"SEPTWOLVES"及中文名"七匹狼"，象征着公司以一个团结的整体面向未来的经营作风和企业凝聚力；

墨绿色是企业的标准色，沉稳、执着而不失青春、活力、孕育着勃勃生机。

图 8-10 七匹狼实业股份有限公司形象应用

8.11 齐鲁银行形象

标志上下两部分完美结合，构成方形的大地，代表融汇南北；标志中间的负形像一条河流横穿齐鲁大地，寓意贯通东西，也象征齐鲁银行通过电子银行与营业网点，在更广泛的范围内实现通存通兑，进而汇通天下，体现了齐鲁银行跨区域发展走向全国的远景目标。

标志的两部分像叩在一起的两只手，代表齐鲁银行和客户的依存关系，体现了为客户提供贴心周到的全方位服务，使客户的资产保值、增值。

整个标志简洁大气，易于记忆，视觉冲击力强，金融行业属性突出，是齐鲁文化底蕴与现代商业银行形象的完美结合。

图 8-11 齐鲁银行形象应用

8.12 上海电视台形象

上海电视台于 1958 年 10 月 1 日正式开播,1973 年 10 月起全部播出彩色电视节目,是中国创建最早的电视台之一,也是中国大陆继中央电视台之后第二家播送彩色节目的电视台。

1979 年,邓小平为上海电视台题写了台名。1993 年江泽民为上海电视台题词:"稳定鼓劲,求实创新"。

上海电视台现有一千多名从业人员。广告收入是电视台最主要的经济来源。

上海电视台和世界各大电视网以及许许多多影视机构保持着广泛而长久的联系,在国际电视大家庭中的影响越来越大.

图 8-12 上海电视台形象应用

8.13 上海国际电影节形象

创办于 1993 年的上海国际电影节，由中国国家广播电影电视总局和上海市人民政府主办，上海市文化广播影视局和上海文化广播影视集团承办。与戛纳和柏林电影节同为国际 A 类电影节。

上海国际电影节的标志设计十分注重其上海所特有的文化背景及其所担任的文化使命，在其行业属性及文化特色上面作了一番深层次的探讨，手写的爵字带出了民族文化以及电影在中国发展的历史沧桑，展示其多样性的电影语言。

图 8-13 上海国际电影节形象应用

8.14 食美特形象

食美特各地名优特产连锁店以"弘扬各地特产文化，打造特产连锁品牌"为使命，实施多元化经营战略。围绕"食美特"连锁品牌这一主业，推进土特产连锁经营的市场化运作，满足中高端特产消费需求。汇集各地独具代表性的特产资源，传承至"食美特"平台之中，奉献给追求"绿色、健康、纯正、阳光"的广大消费者，走产供销一条龙，贸工农一体化的产业之路。

食美特坚持以资源为依托，市场为导向，信誉为保证，致力于打造百年品牌特产店。为顺应市场发展需求，提高市场份额，先后开发及代理了二十余个省市名优土特产品。以绿色、营养、健康、安全为根本；历史渊源、风土民情为特点；有计划、有节奏、分阶段地向社会输送各地名优土特产品。食美特本着"创新品质、完善服务、勇做第一"的经营宗旨，更好地服务大众，服务社会。

图 8-14 食美特形象应用

8.15 香奈儿品牌形象

　　CHANEL 的创始人别名叫 COCO,她是一个很独立,很有野心,也很自恋的女人.因此,她用两个 C 来代表她的名字 COCO.而且采用环环相扣的设计理念来彰显自己.因此现在人们看到的 CHANEL 的标志就是两个背靠背,而且有交叉的两个 C。

　　香奈儿是一个有 80 多年历史的著名品牌,香奈儿时装永远有着高雅、简洁、精美的风格,设计师善于突破传统,早在 40 年代就成功将"五花大绑"的女装推向简单、舒适。香奈儿的产品种类繁多,每个女人在香奈儿的世界里总能找到合适自己的东西,在欧美上流女性社会中甚至流传着一句话"当你找不到合适的服装时,就穿香奈儿套装"。香奈儿的产品,有服装、珠宝饰品、配件、化妆品、香水,每一种产品都闻名遐迩,特别是她的香水与时装。

图 8-15 香奈儿品牌形象应用

8.16 新浪网形象

新浪将网民需求和体验放在了最重要的位置，并以此为核心不断发展，在注重用户体验的同时不断强化对用户多样化需求的满足。标志设计成"大眼睛"，闪动活跃的眼神，注入了好奇、渴望与对世界的关注等理念，象征着网友可以通过新浪的平台，更好地了解世界、洞察万象。除此之外，顶着大眼睛的"i"在标识中形似一个麦克风，暗喻新浪将为网友提供一个放大自身影响力的平台，网友可以通过这个平台，影响世界。

图 8-16 新浪网形象应用

8.17 中国电信形象

中国电信企业标识整体造型简约、线条流畅、富有动感，以中国电信的英文首个字母C的曲线进行变化组合，似张开的双臂，又似充满活力的牛头和振翅飞翔的和平鸽，具有强烈的时代感和视觉冲击力。传递出中国电信的自信和热情，象征着四通八达、畅通、高效的电信网络连接着每一个角落，服务更多的用户，也强烈表达了中国电信"用户至上，用心服务"的服务理念，体现了与用户手拉手、心连心的美好情感。同时也蕴含着中国电信全面创新、求真务实，不断超越的精神风貌，展现了中国电信与时俱进、奋发向上、蓬勃发展，致力于创造美好生活的良好愿景。

标识以代表高科技、创新、进步的蓝色为主色调。文字采用书法体，显得有生命力、感染力与亲和力，与国际化的标识相衬，使古典与现代融为一体、传统与时尚交相辉映。

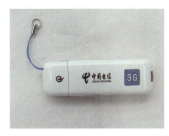

图 8-17 中国电信形象应用

8.18 中国国际航空公司形象

在原标志不变，保留邓小平题名的前提下，为国航进行了标志与字体的重新组合与 VI 设计。中国国际航空公司是中国航空业的龙头企业，也是国际著名的航空公司，在一定程度上讲，是出入中国的门户，是国家形象的延伸。国航设计新形象更加注重民族性、大气和稳重。

同时，通过对色彩、图形、面料和座椅及灯光的设计，很好地解决了问题，体现了国航倡导服务的企业理念，通过对客舱的设计体现国航优良的服务品质。

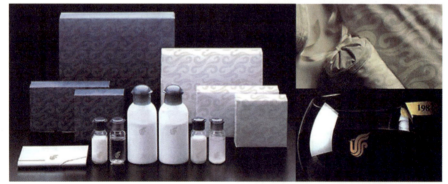

图 8-18 中国国际航空公司形象应用

8.19 中国移动形象

标志图形中央是一个贯穿东西、连结南北的字母 G，同时也是一个变形的字母 T，合体字母 GT 以流畅的线条表现了英文 GOTONE 的缩写，也表达了汉语的沟通；GT 仿佛一个向上的箭头，预示着全球通的不断进取与突破，传达出全球通价值、创新、品位、自信的品牌信息。

合体字母 GT 将图形分为两部分，左边的 C 代表 CMCC 的缩写，她环抱着 GT，隐喻着全球通出自于中国移动，反映出中国移动致力于创无限通信世界，做信息社会栋梁的企业使命。右边的 O，中心被 GT 所连接，一方面表达着沟通全球，另一方面隐喻着中国移动沟通从心开始的服务理念；被 GT 所勾画后的 O，宛如一个逗号，表达着意犹未尽的沟通与情感，传达着中国移动追求客户满意服务的企业宗旨。

全图以沟通为诉求点，流畅的线条上下贯通、左右结合，体现出全球通作为信息传递与情感交流的沟通纽带所值得信赖的品牌价值。

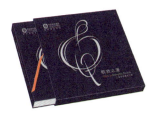

图 8-19 中国移动形象应用

8.20 重庆光大畜牧业有限公司形象

重庆光大畜牧业有限公司成立于2004年，是一家集现代农业、畜牧业、环保业、乳制品加工业为一体的高新技术民营企业。

公司立足于发展"三农经济"，坚持"高起点、高标准、高品质、高效率"的经营宗旨，通过周密的前期论证、筹备，自筹资金5500万建成了重庆首个奶牛科技园—"光大奶牛科技园"鱼嘴基地一期，该基地已于2005年3月建成投产。基地现有的基础设施、管理模式、养殖技术、防疫技术、生态环保技术、机械设备、现代化程度、奶牛良种等已经大大领先重庆乃至西南地区其它畜牧生产基地。

图 8-20 重庆光大畜牧业有限公司形象应用

参考文献

（1）《新 CI 战略》，山田理英，艺风堂，1996

（2）《CI 推进手册》，加藤邦宏，艺风堂，1996

（3）《企业形象战略》，八卷俊雄，艺风堂，1996

（4）《广告策划》，陈培爱，中国商业出版社，1998

（5）《设计语言》，迈克尔 艾瓦米，华中科技大学出版社，2007

（6）《标志设计》，张立，中国纺织出版社，2007